中国城市双创观察
成 都

中国城市双创观察课题组　编

科学技术文献出版社
SCIENTIFIC AND TECHNICAL DOCUMENTATION PRESS

·北京·

图书在版编目（CIP）数据

中国城市双创观察——成都 / 中国城市双创观察课题组编 . —北京：科学技术文献出版社，2018.9

ISBN 978-7-5189-4796-6

Ⅰ . ①中⋯　Ⅱ . ①中⋯　Ⅲ . ①创业—研究报告—成都　Ⅳ . ① F249.277.11

中国版本图书馆 CIP 数据核字（2018）第 210436 号

中国城市双创观察——成都

策划编辑：李　蕊　丁芳宇　责任编辑：王瑞瑞　宋红梅　刘　亭　责任校对：文　浩　责任出版：张志平

出　版　者	科学技术文献出版社
地　　　址	北京市复兴路15号　　邮编　100038
编　务　部	（010）58882938，58882087（传真）
发　行　部	（010）58882868，58882870（传真）
邮　购　部	（010）58882873
官 方 网 址	www.stdp.com.cn
发　行　者	科学技术文献出版社发行　全国各地新华书店经销
印　刷　者	北京时尚印佳彩色印刷有限公司
版　　　次	2018 年 9 月第 1 版　2018 年 9 月第 1 次印刷
开　　　本	710×1000　1/16
字　　　数	140千
印　　　张	12.25
书　　　号	ISBN 978-7-5189-4796-6
定　　　价	78.00元

编委会

序

当前，大众创业、万众创新在中国已成燎原之势。

党中央、国务院高屋建瓴，以双创启民智、展民力，深挖中国未来发展潜力。2017 年 8 月 22 日，国务院总理李克强亲赴科学技术部火炬高技术产业开发中心（以下简称"科技部火炬中心"）调研双创工作，对科技创业孵化 30 年取得的成绩予以充分肯定，并指示"要让创新'火炬'薪火相传、铺天盖地，更好普惠大众、普惠社会"。

经过 4 年时间大力推动，大众创业、万众创新量质齐升，各省市乃至全国的双创生态逐步完善，在服务实体经济转型升级、对冲经济下行和就业压力等方面发挥了重要作用。

大众创新创业呈现四大显著特征。

一是创新与创业结合程度不断加深，科技服务于经济能力逐步增强。

依托鼓励创业的方式，将科研人员技术创新的外生压力转化为内生动力，激发了大企业创新活力，科技型中小企业快速发展。科技资源开放共享，产学研双向打通。建立开放平台，全国大量高校院所、新型研发机构建立公共技术服务平台，并开始面向企业和社会开放高端创新资源，降低科技创业企业研发成本。实现逆向打通，鼓励科研人员面向企业和社会解决技术难题，通过"众包"对接企业技术需求。

科技成果加速转化，创新创业融通发展。技术成果交易更加活跃，

2017 年，全国技术合同成交额达到 1.34 万亿元，同比增长高达 18%。硬科技企业不断涌现，截至 2017 年年底，孵化器累计培育高新技术企业 1.1 万家，占全国高新技术企业的 8.2%。

大企业搭建平台，大中小实现融通。龙头骨干企业建立各类创新创业平台，面向社会开放内部设施设备、厂房、技术、市场、人才、品牌、产业链等各类创新创业资源，从而拓展上下游，延伸产业链，形成大企业和中小企业共生发展格局。

二是大众深度参与创新创业，促进了全社会普惠公平。

李克强总理指示，双创就是要让更多的人富起来，让更多的人实现人生价值。这有助于调整收入分配结构，促进社会公平，也会让更多的年轻人，尤其是贫困家庭的孩子有更多的上升通道。新时代，大众不再是创新的旁观者，而是通过创业的方式变成了参与者，双创不仅放大创新人才基数，更通过大众的普遍参与形成了具有中国特色的创新创业文化。

降低创业门槛，普惠服务大众。2017 年，以低成本、便利化、开放式为特征的"众创空间"提供开放式创业工位 105 万个，共服务创业团队和初创企业 41 万个。帮助 1.8 万个服务团队和企业获得投资 677 亿元。

活动深入人心，塑成双创文化。通过各类双创活动，在全社会逐渐塑成了"鼓励创新、宽容失败"的创业文化。2017 年，举办创新创业活动累计达到 15.1 万次，开展创业教育培训 21 万场。中国创新创业大赛、中国海外学子创业周等活动全面营造了全国的创新创业氛围。

创业带动就业，缓解社会压力。双创不仅为就业提供更多的选择机会，同时也为提升创业及从业人员综合素质和解决社会及大学生就业问题发挥了积极的作用。2017 年，全国创业孵化载体内创业企业和创业团队达 59 万家，通过创业带动就业超过 300 万人。

三是双创要素供给富集，生态体系日趋完善。

中央及地方出台的双创政策超过千余项，创业孵化载体数量跃居世界第一，服务场地面积达 1.4 亿平方米，服务人员超过 16 万人，签约中介服务机构 3.3 万个，搭建公共技术服务平台超过 2000 个，全国 901 支创投引导基金规模达 3.2 万亿元，高新区等创新创业资源富集的地区已经形成双创的局部优良生态。

城市双创生态活跃，发展模式各具特色。自 2015 年首批"小微企业创业创新示范基地城市"工作开展以来，先后确定 30+6 个城市纳入双创示范，各级财政累计投入资金 430 多亿元，撬动社会资本 1800 多亿元，首批示范城市新增市场主体 131 万户，同比增长 22%，高于全国 8 个百分点。

区域协同力度加大，双创模式辐射周边。在国家实施区域协调发展战略的背景下，双创的区域间合作更加紧密，形成京津冀、成渝、长三角、珠三角、闽台等典型协作区域。国际化步伐加速，创业资源全球流动。

四是通过不断迭代升级，创业孵化体系全面支撑双创发展。

创业孵化链条式发展。随着创业孵化从点向线、面延伸，越来越多的孵化器、众创空间开始向前端或后端延伸，有规划、有布局地构建"众创空间—孵化器—加速器"的创业孵化链条，提供贯穿企业发展整个生命周期的精准化、专业化服务。

创业孵化专业化发展，打通双创成果的产业出口。一批龙头骨干企业、新型研发机构、高校院所等，聚焦自身优势产业或特色领域，搭建公共服务平台，通过开放技术、销售、投融资等资源，激发内部员工创业，同时扶持与自身业务相关联的创业企业，在某一专业领域深耕细作，不断完善产业链。

创业孵化连锁化发展，形成双创服务机构的竞争格局。一批发展较

好的创业孵化载体，通过品牌输出或连锁经营等方式，在全国多个主要城市乃至国外设立分支机构，抢占市场，拓宽发展渠道，形成网络发展态势。

创业孵化反哺式发展，促进形成双创的有机循环。毕业于创业孵化载体的企业，由于认同创业孵化的发展理念，在发展壮大后又兴办众创空间和孵化器，反哺社会，形成良性循环。

但是我们还要看到，双创当前仍存在一些"梗阻"点。

随着双创工作的深入开展，各地由于发展阶段不同，不可避免地遇到了一些"梗阻"点。从全国的情况来看，目前主要存在以下几方面的问题。

一是创业服务能力有待加强。职业化的创业服务人才短缺，创业导师服务需形成长效服务机制和利益机制，创业服务机构的专业服务能力仍需加强，创业服务机构自身的营利能力和可持续发展能力需要提高。

二是投融资体系亟待完善。现有的天使投资、风险投资体系不能满足创业企业的需求。社会资本参与创业投资的力度和深度不足，创业投融资的政策体系、监管体系、退出体系都有待完善。

三是政策落地存在问题。双创政策较多，但资源分散、政出多门。在政策落实方面，还存在"最后一公里""最后一纳米"，有些政策仍然存在看不见、摸不着、听不到、落不实。

四是区域发展不平衡。省域间、同一省份内的不同地区之间，由于经济发展阶段不同，创新创业资源要素的供给存在差距，加之创业文化底蕴和氛围的差异，导致各地双创工作推动效果差距明显。

五是创业项目科技含量不足。大部分地区创新创业人才增速较快，但基数不足。缺乏高校、科研院所、大企业溢出和留学归国的高水平创业者，深科技、硬技术的创业项目较少，创业领军人才匮乏。另外，在高水平创业人才不足、创业环境和氛围有待提高、体制机制障碍、成果转化等方面问题也比较集中。

党的十九大后，站在新历史起点，我们要精心谋划"双创升级"。

中央经济工作会议强调，要加快建设创新型国家，推动重大科技创新取得新进展，促进大众创业、万众创新上水平。为推动大众创业、万众创新的高质量发展，应当在以下几方面着手实施"双创升级"。

一是提升双创服务能力。为初创企业成长进行"全面赋能"和"全程加速"，大力构建"众创空间—孵化器—加速器"创业孵化链条，吸纳各类科技服务机构为双创提供高质量服务。加快创业服务职业化建设，打造专业化的创业导师、创业辅导师队伍，导师与被辅导企业深度合作。

二是发展专业孵化支撑实体经济。加大专业孵化器布局力度，推进国家自主创新示范区、国家高新区和特色产业基地合理布局专业孵化器，壮大当地特色产业、发展战略性新兴产业。引导高校、科研院所等围绕区域优势产业和特色产业，建设专业孵化器和专业化众创空间，促进产学研结合，加快科技成果转化，培育产业核心竞争力，推动双创上水平。

三是引导金融深化服务双创。加快发展普惠金融和科技金融，为创业企业成长提供全流程金融服务。畅通科技型创业企业上市融资渠道，推动"新三板"改革，破解流动性难题。建立科学的创业板发审制度，完善评价标准，探索设立优质双创企业 IPO 快速通道。设立政府无偿支持科技创业早期项目的种子基金，直接资助小微企业技术创新活动。

四是探索建立双创政策特区。探索开展众创集聚区试点示范，在一定范围内高效组合人才、技术、资本等创新创业要素，促进双创政策有效配置。构建良好的城市创新生态系统，重点在创新型城市、小微企业创业创新基地示范城市中，推动制度创新、政策创新和工作方式创新，

营造良好宜居宜业环境，形成浓厚的创新创业氛围。

五是拓展双创国际新空间。加速"引进来"，建立完善"绿卡制度"等相关政策，构建开放创新环境，吸引世界一流人才、国际一流大学、企业、科研机构参与中国创业孵化。推动"走出去"，搭建海外双创交流服务平台，鼓励企业在国外设立海外研发中心、离岸众创空间等，整合海外研发资源。积极服务"一带一路"，与沿线国家合作共建科技园区、孵化器、技术转移中心等，实现双创向海外发展。

成都是一座创新创业之城。近年来，成都推出了"创业天府"等一系列助力双创的具体行动，通过政策松绑优化投资环境，与东部地区实现创业创新资源区位互补、错位发展，成为西部创业创新的标杆。

该书依据问卷调查和实地调研，"解剖麻雀"，对成都的文化特征、双创态势、社会环境、典型案例等进行了系统分析，得出了一些有价值的结论。希望这样的研究方法和研究发现能够对成都乃至全国其他地区推进创新创业有所助益。

张志宏

科技部火炬中心主任

2018 年 8 月

前　言

　　观察一个城市的角度很多，可以从政治经济的角度、地理区位的角度、社会文化的角度，甚至美食美景的角度。在今天这个伟大的新时代，创新和创业赋予了城市不同的内涵和期许。而从大众创业、万众创新带来的角度观察一个城市的变化，本身就是一种创新。

　　创生道！大众创业、万众创新，聚民智、展民力、入民心，为中国社会打开了不同阶层的上升通道，给了更多普通人成为社会精英的机会。双创战略提出以来，在供给侧的一系列结构性改革措施，不仅加速了新旧动能转换，更在文化、制度、体制、机制等层面深刻影响中国经济和社会发展。城市作为创新创业者创造价值、积累财富的主要载体，时刻在与创业者们进行着互动。从改革开放 40 年的经验总结来看，每个欣欣向荣的中国城市都是由那些长居在此、理念相通、不断奋斗的创新创业者们引领变化、联手筑造的。

　　居移气！地位和环境可以改变一个人的气质，人群的升华同样可以改变他们生活的环境。城市气质不仅积淀于历史和文化中，同样可由其中创业创新的人们进行重塑和升级。星移斗转、时过境迁之后，多少伟大的城市消逝在历史的滚滚洪流中，又有多少偏僻的小村崛起于时代的变换，西南地区无可争议的千年之都——成都始终屹立不倒，必有其奥妙之处。作为天府之土四川省的省会，蜀文化的核心地带，经济体量占

到全省的 40%，气候怡人，美食美景美女冠绝西南。无论从哪个角度来看，这个城市似乎都得到了时间和空间的眷顾。双创时代，成都这座天选之城紧跟时代的步伐，又有了日新月异的变化。这座城市发生了哪些双创的故事？双创又给成都带来了些什么？值得我们去观察、思考与探寻。

因此，本书围绕双创对城市发展的影响，通过考察时间和空间的变化，制度和文化的演进，从不同的视角描绘成都双创特点，探究大众创业、万众创新给成都这座城市带来的活力与变革。

本书从构思到完成历时一年时间，这期间梳理了成都几乎所有双创相关的政策文件，走访创业服务机构 30 余家，深入访谈创业者 50 余人，面向创业者发放问卷 356 份，收回有效问卷 300 份，对调研数据进行科学分析，形成数据分析报告，综合多方面调研结果编撰成书。

本书虽然很难面面俱到地对成都双创进行彻底的观察，但也希望能够从几个角度反映成都双创的进展情况，使本书成为社会大众了解成都双创情况的窗口，成为创业者在成都双创的工具书，成为学者研究成都双创的参考书。

目　录

第一章
成都双创态势观察

　　成都，是一座既闲适又创新的城市。开放、包容、浪漫，物价相对较低，生活氛围安逸，但并不缺乏创新的要素和创业的氛围。实力强劲的科研机构、大专院校，以及庞大的创业群体，是成都相对于全国其他城市的独特竞争力。

　　在经济总量方面，2017 年成都 GDP 13 889.4 亿元，同比增长 8.1%。排名进入全国城市前 10；在高新技术产业方面，2017 年成都高新区全国综合排名第 8，创造 GDP 3027 亿元，全国排名第 5。

　　在创业方面，2017 年成都全市新登记市场主体同比增长超过 40%，是全国平均增速的 2 倍以上；在创业服务方面，成都各类科技企业孵化器和众创空间超过 200 家，同样进入全国前 10。另外，成都独具特色"创业天府行动"、全国首创的校院企地深度融合发展模式，更为成都的双创开拓了广阔空间。

　　这个城市，越来越成为创新创业者向往和聚集之地！

第一节 创业"天府"

一、成都，一座创业之城

根据成都市科技局发布的《2017年成都市科技创新工作情况》，2017年，成都的创业更加活跃，市场主体数量同比增长42%，达到46.4万家；科技型企业数量2万家，同比增长55%；准独角兽企业31家。技术创新实力不断增强，国家高新技术企业增至2473家，同比增长17.8%；高新技术产业产值达9374.77亿元，同比增长11.8%。有如此力量的支撑，许多投资机构、空间与产业服务机构，均瞄准了成都的商业机会。

聚焦六大形态、七大场景的新经济，已成为成都的新符号和新追求。新经济的特点：一是指数型增长，二是带动能力强。成都正在聚焦发展新经济培育新动能和构建产业生态圈、培育创新生态链两大方向。对新经济形态的企业来说，成都的技术人才和成本优势也很适合作新经济的试验地。同样，因为在电子信息产业、生物医药产业等方面的聚集效应，成都很适合吸引一些原本在高成本城市打拼的项目进行转移。

二、成都，一座有吸引力的城市

课题组所做关于"城市吸引力"的问卷调查显示（图1-1），在全部被调查者中，57.19%的人认为成都的城市吸引力好，36.45%的人认为成都的城市吸引力较好，6.02%的人认为成都的城市吸引力一般，只有0.33%的人认为成都的城市吸引力差。

6.02%　0.33%

36.45%

57.19%

- 好
- 较好
- 一般
- 差

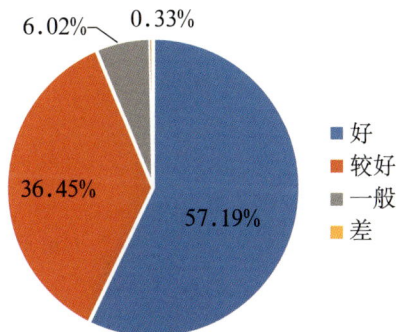

图1-1　成都城市吸引力调查分析

三、成都，一座对外来文化包容的城市

2017 年《成都实施人才优先发展战略行动计划》规定，每年 4 月最后一周的星期六为"蓉漂人才日"。从 2017 年 7 月 19 日至 2018 年 4 月 26 日，新政实施 9 个月左右，成都累计人才落户 17.62 万人。初级人才、高端人才、外籍人才的针对性政策一个都不少。外来人才带来了更多的创意、创新和创业项目，这些人的拼劲也在一定程度上冲淡了传统的安逸氛围。

硬实力、软实力，归根到底要靠人才实力。成都深入实施"优秀人才培养计划""人才新政 12 条""科技人才创新创业资助管理办法"等政策，举办"蓉漂人才荟"走进名校系列活动，热忱欢迎祖国各地人才来蓉发展创业。自 2017 年 7 月在全国率先推出本科毕业入户以来，已吸引了 20 多万名人才落户成都。安居才能乐业，成都启动人才安居工程，11 万套人才公寓即将建成，人才可以实现就近拎包入住。针对高层次人才，成都实施特殊政策，在购房租房、医疗保障、子女入学等方面一路"绿灯"。

如图 1-2 所示，根据课题组所做的问卷调查，在全部被调查者中，55.85% 的人认为成都的包容性好，35.45% 的人认为成都具有较好的包容

性，8.36% 的人认为成都的包容性一般，只有 0.33% 的人认为成都的包容性差。

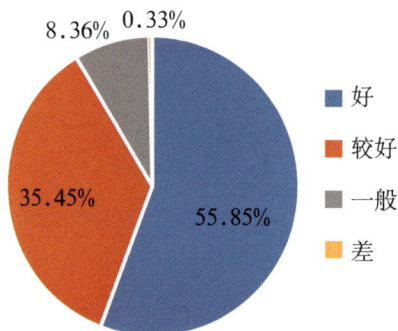

图1-2　成都包容性调查分析

　　为什么是成都？首先是人才供给。成都的高校资源丰富，四川大学、电子科技大学及成都信息大学等 IT 相关专业在全国排名靠前，也是历年各大互联网公司的招聘重镇。另外，一批批著名的 IT 公司都把自己的研发中心放到了成都。在高新南区，有 IBM、腾讯、完美世界等企业入驻。在高新西区，亦有华为、富士康心宇和 TCL 等企业的研发中心。

　　高校源源不断地输送毕业生，为创业企业和大公司解决了人力之虞。同时，大公司也为当地奠定了创业的人才基础。许多大公司设置在成都的主要是研发中心，不具备总部那么多的高级管理岗位和晋升机会。这样对于一些高级人才来说，在个人职业发展上面临着瓶颈。但是很多人又不愿意离开成都去往总部，所以干脆就自己出来创业。因此，一些在大公司积累了丰富经验的游戏行业的青年纷纷出走，拿到投资自己创业。盛大系、完美系、腾讯系的移动创业者层出不穷，Tap4fun、卡尔维、优聚软件、蓝航科技便是其中的代表，这也是包括手游在内的游戏行业在成都如此火热的原因。

成都还有成本低廉和人员稳定的红利。相比于沿海地区，成都市场的人才成本会低 20% ~ 30%，这会帮助初创企业节约不少成本。另外相比于北上广深，成都少了很多浮躁喧闹的氛围：猎头不会如此频繁地挖角，员工不会如此频繁地跳槽，这些都有助于初创团队吸引并留住人才，从而可以更持续、快速地发展自己的业务。而这一点也是吸引创业公司一个非常重要的原因。

成都的消费热情为创业公司提供了难得的市场机会。成都人爱玩、会享受生活，购物消费意识不逊于北上广深。对时尚的追求，对新鲜事物的接受速度都是成都消费旺盛的原因。从消费能力上看，除了四川本地其他城市之外，很多人都会从西藏、云南、甘肃过来置业生活，成都是西南区域最活跃和消费水平最高的城市。

四、"创业天府"行动为创业加速

2015 年，成都启动实施"创业天府"行动计划，取得较好成效。2016 年，为全面贯彻创新、协调、绿色、开放、共享发展新理念，成都决定实施"创业天府"行动计划 2.0 版。

行动计划 2.0 版坚持问题导向、政府推动、市场行动、服务实体经济的原则，以深化供给侧结构性改革、推动成都创新创业深化升级为目的，进一步突出创新创业活动市场化、要素国际化、创新协同化和环境生态化，着力打通政产学研用协同创新通道、厚植创新创业人才优势、升级创新创业孵化功能、夯实创新创业投融资支撑、营造创新创业一流生态、塑造"菁蓉汇"国际创业活动品牌，打造"创业之城、圆梦之都，成都创业、创业都成"城市品牌，加快建成具有国际影响力的区域创新创业中心。

第二节　创新之都

一、成都，一座创新之城

成都市提出，贯彻创新发展理念，建设创新驱动先导城市。坚持把创新作为引领发展的第一动力，基本形成全面创新改革试验和自贸试验区建设"双轮驱动"的创新创造新格局，加快形成以创新为引领的经济体系和发展模式，基本建成国家创新型城市、具有国际影响力的创新创业中心。

近年来，成都先后获批国家知识产权强市创建市、国家知识产权运营服务体系建设重点城市，全市专利申请量、发明专利申请量持续保持副省级城市前列，连续两年获得中国专利奖金奖。西部唯一的国家专利审查协作四川中心正式运营，跨区域集中管辖知识产权案件的成都知识产权审判庭正式设立，成都被欧洲通讯社评价为"中国知识产权保护做得最好的城市"。2017 年，全市专利申请 113 956 件，其中发明专利申请 47 033 件，同比增长 19.1%，高出全国 4.9 个百分点。

二、成都的科技成果制度创新，走在了全国的前列

2016 年年底，出台了"成都新十条"的配套文件《关于支持在蓉高校院所开展职务科技成果混合所有制改革的实施意见》，成为全国首个出台专项文件实施科技成果混合所有制改革的城市，首次触及职务科技成果的所有权改革，通过职务发明人与高校院所约定，对职务科技成果的所有权这一核心权力进行分割确权，职务发明人可享有不低于 70% 的所有权，充分激发高校院所科技人才的创新热情和创造潜力。积极推动西

南交通大学出台《西南交通大学专利管理规定》，在全国率先开展"早确权、早分割、共享制"的科技成果体制改革。

截至 2018 年 7 月，西南交通大学、四川大学、成都理工大学、成都中医药大学、成都大学等在蓉高校已相继出台职务科技成果混合所有制改革方案，共完成科研成果分割确权 378 项，创办的科技企业由改革之前的寥寥数家新增至 40 余家。同时，成都出台《关于创新要素供给培育产业生态 提升国家中心城市产业能级知识产权政策措施的实施细则》，提出设立不低于 20 亿元的知识产权运营基金等 10 条具体政策措施，覆盖创造、运用、管理、保护、服务全链条，支持力度居全国同类城市前列。

三、科技成果丰富

2018 年 1 月，国家科学技术奖励大会举行，成都斩获颇丰。由成都市主持和参与完成的 27 个项目荣获 2017 年度国家科学技术奖励，1 人荣获中华人民共和国国际科学技术合作奖，获奖数量占四川省总获奖数量的 90%。

2017 年 12 月，国家知识产权局在北京公布第十九届中国专利奖授奖情况。其中成都企业——成都康弘生物科技有限公司的"抑制血管新生的融合蛋白质及其用途"项目荣获中国专利金奖。这项填补国内空白的自主知识产权，正在从实验室走向生产线的转化之路上。

四、产业创新加速

推动科技从创新力嬗变为生产力，坚持把创新作为引领发展的第一动力，融入产业生态圈建设。成都技术创新实力不断增强，2017 年，全年新增国家高新技术企业 670 家，增幅为历年最大，到年底，国家高新技术企业增至 2471 家，同比增长 17.8%；高新技术产业产值 9374.77 亿元，

同比增长 11.8%。新潮传媒、极米科技、天象互动等 31 家准独角兽企业充满活力、快速成长。

融入产业生态圈"大循环",加速带动新型产业形成。实施《成都市科技型企业培育行动计划(2017—2020 年)》,实施科技型中小企业、高新技术企业、"成都创造"领军企业梯度培育三大工程。同时推动高新技术服务业在天府新区鹿溪智谷、成都高新区聚集发展,在轨道交通、大数据、石墨烯、机器人及智能装备等领域组建了 10 个新型产业技术研究院。

编制了虚拟现实、大数据、地理信息、新能源汽车、无人机 5 个产业技术路线图,明确城市技术比较优势和产业升级主攻方向。格罗方德晶圆制造基地、紫光 IC 国际城、京东方 6 代线等一批新兴产业重点项目建设加快。

第三节　体制机制创新走在前列

电子科技大学教授罗光春团队的"某数据处理关键技术研究及应用"摘得国家技术发明奖二等奖。罗光春带领团队率先开展了新一代大数据处理关键技术的研究与开发,形成了具有完全自主知识产权的新一代大数据处理技术体系,并已在公安、交通、医疗等多个重点行业得到广泛应用。希望将大数据更广泛地应用于老百姓的生活领域。

一、"城市创新合伙人"

2017 年 12 月,成都启动校院企地融合发展工作,全力推进高校院所、央企国企与成都 66 个产业园区深度融合,构建产业生态圈,创新生态链,打造创新共同体、利益共同体和发展共同体。

激活创新源泉，成都通过召开系列校院企地深度融合发展工作现场会，让多个校院企地合作项目在蓉落地落实。由此，成都的校院企地合作迎来了一种全新的伙伴关系——涉及产业园区发展规划、运营管理、招商引资等更深层次合作，初步构建形成校院企地创新共同体、利益共同体、发展共同体，加快构建产业生态圈、创新生态链，校院企地成为"城市创新合伙人"。

二、融合创新成效显著

坚持"没有实质内容不签，没有利益绑定不签"的原则，截至2018年6月底，校院企地已达成签约项目260余个，投资额超过2000亿元；引聚超过10 000名高水平人才，包括5名诺贝尔奖得主，60余位国内外院士；与超过200个国家、省级创新平台建立合作关系；在产业园区内建成产学研联合实验室超过100家，培育高新技术企业及科技型企业超过4000家。并探索出一批校院企地合作新模式，例如，成都高新区采取"斯坦福＋硅谷"合作模式，与电子科技大学共建国际菁蓉创新中心；天府新区按照4∶6的股权比例，与北京航空航天大学共建西部国际创新港，共同负责建设、运营、管理事宜等。

三、"三权"改革联盟发挥作用

2017年9月，成都举行的推进职务科技成果混合所有制改革现场上，全国首个以城市为单位的科技成果"三权"改革联盟在成都成立。包括西南交通大学、四川大学、电子科技大学、西南财经大学及中国科学院成都分院等12所在蓉高校、科研院所与企业成为其首批成员。联盟通过搭建校院地协同创新平台、职务科技成果混合所有制改革交流平台与服务平台，开展职务科技成果混合所有制改革研究。

联盟的成立，将有效推进改革从理念上升为攻略，从高校内部"破冰"上升为城市共识，并将在全国范围内进行推广。

四、创新资源互联共享

实现在蓉高校调研对接全覆盖。市级相关部门、各区（市）县、各产业功能区及园区密集开展走访调研，与国内外知名高校取得了普遍联系，除市级相关部门实现了市域内 56 所高校走访调研全覆盖外，各区（市）县、园区还与美国斯坦福大学、加州大学，英国剑桥大学、格拉斯哥大学、布鲁内尔大学，德国慕尼黑工业大学，日本东北大学，加拿大多伦多大学、麦吉儿大学等众多海外知名高校建立了初步联系，并与部分高校达成实质性项目签约。

实现创新资源共享全覆盖。各区（市）县围绕园区主导产业需求及资源禀赋实际，不断探索合作模式，加快培育创新生态链和产业生态圈，不断探索创新资源共享模式。

一是共同投入资源。成华区与中国航天科工集团有限公司等 5 家公司合资成立航天科工通信技术研究院有限责任公司；大邑县与四川省电子信息产业技术研究院按照出"场地、设备、运营补贴"＋出"现金、知识产权"方式共同投入。二是共同搭建平台。双流区与四川大学按照"研究院＋公司"模式共同组建先进高分子材料研究院；温江区与清华大学冯冠平教授团队采取市区合力、社会资本参与共同组建石墨烯应用产业技术研究院；武侯区探索"政府＋高校＋平台（公司）"合作模式，分别与四川大学、四川音乐学院、成都体育学院共同打造环高校知识经济圈。三是共谋利益分享。新都区香投集团与西南交通大学校产集团携手推进国家实验室建设，项目产生收益由学科带头人与公司按比例分享。四是人才打通使用。彭州市与北京航空航天大学、解放军第 5719 工厂共组北航成都航空动力创新研究院管理委员会；新津县突出人才协作，实施互派人员挂职添薪，引进高校人才。五是共引国际资源。高新区与布鲁内尔大学等合作共建中英智慧质量工程技术研究院；与哈尔滨工业大学、乌克兰国家科学院开展洽谈，共建中乌科技创新基地。

五、充分发挥高校作用

激活创新主体，成都还统筹推进"双一流"大学建设，"双一流"大学增至 8 所。同时细化落实在蓉"双一流"大学"2+6"战略合作协议，大力引进北京大学、清华大学、哈尔滨工业大学等高校在蓉发展，构建校院地协同创新体系。全市还布局规划建设 10 个环高校知识经济圈，打造科技成果转化主承接区，"环川大知识经济圈""电子科大一校一带""环交大智慧城"加快建设，带动高校及社会资本投入超 8.75 亿元，总面积超 50 万平方米。

如此，成都自主创新能力的显著提升，已为未来经济发展积蓄起强劲动力。

第四节　城市创孵能力有提升空间

经过多年的努力，成都构建了一个内涵丰富的创新创业孵化服务体系。根据首都科技发展战略研究院和全球智能孵化网络(WIIN)发布的《中国城市创孵指数 2018》，总体来说，成都的创孵服务水平、创孵运营绩效和创孵经济绩效表现较好，城市创孵能力仍有提升空间。

一、中国城市创孵指数

《中国城市创孵指数 2018》基于 2017 年全国 4063 家科技企业孵化器和 5739 家众创空间的统计调查数据，对中国城市创孵能力进行测度。

"中国城市创孵指数"以创新创业为核心，以创业孵化机构和创业企业的相关数据为基础，从经济、社会、科技、运营绩效等方面构建评价指标体系，综合反映城市的创孵能力。该指数由三级指标构成，共 54 个指标。其中，一级指标 6 个，二级指标 13 个，三级指标 35 个。6 个一级指标分别是：创孵经济绩效、创孵创新绩效、创孵社会贡献、创孵服务水平、创孵基础条件和创孵运营绩效。

二、成都创孵指数分析

（一）总指数

成都在中国城市创业孵化指数 2018 排行榜中排名第 12。排名前 20 的城市分别是：北京、上海、深圳、广州、杭州、南京、苏州、天津、武汉、重庆、西安、成都、郑州、无锡、长沙、青岛、东莞、长春、厦门和佛山。

成都创孵总指数为 1.5489。6 个一级指标得分情况：创孵经济绩效 2.1337，排名第 9；创孵创新绩效 1.0128，排名第 20；创孵社会贡献 1.1588，排名第 14；创孵服务水平 2.0087，排名第 12；创孵基础条件 1.5310，排名第 13；创孵运营绩效 1.4482，排名第 10。

绘制成都创孵指数雷达图（图 1-3），并结合一级指标得分情况可以看出：成都在创孵经济绩效、创孵运营绩效、创孵服务水平、创孵基础条件 4 个方面表现较好，而创孵创新绩效、创孵社会贡献 2 个方面则有待进一步提升。

创孵经济绩效

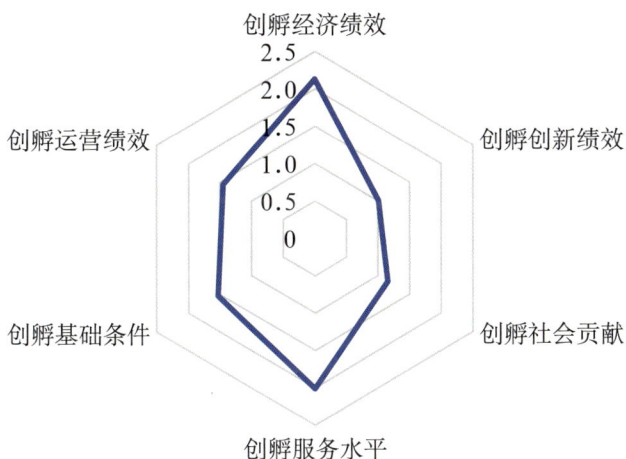

图1-3　成都创孵指数

（二）一级指标分析

1. 创孵经济绩效

创孵经济绩效表征的是创孵载体内在孵企业的经济绩效情况。成都创孵经济绩效值为2.1337，排名第9。二级指标得分情况：在孵企业规模水平1.5825、在孵企业获投融资能力1.0479、城市企业孵化成果3.7719。

2. 创孵创新绩效

创孵创新绩效表征的是创孵载体内的在孵企业对城市科技创新的贡献程度。成都创孵创新绩效值为1.0128，排名第20。二级指标得分情况：在孵企业知识产权情况1.5262、在孵企业科研能力0.4996。

3. 创孵社会贡献

创孵社会贡献表征的是创业孵化对城市社会发展的贡献程度。成都创孵社会贡献值为1.1588，排名第14。二级指标得分情况：在孵企业对就业贡献水平1.4638、孵化器机构对就业贡献水平0.8571。

4. 创孵服务水平

创孵服务水平表征的是创孵载体对在孵企业提供服务的能力。成都创孵服务水平值为 2.0087，排名第 12。二级指标得分情况：孵化器创业辅导服务水平 2.3234、孵化器资源整合服务水平 1.6949。

5. 创孵基础条件

创孵基础条件表征的是创孵载体现有基础设施的情况。成都创孵基础条件值为 1.5310，排名第 13。二级指标得分情况：孵化机构总面积 2.2270、孵化器数量 0.8875、孵化资金条件 0.9720。

6. 创孵运营绩效

创孵运营绩效表征的是创孵载体自身的绩效情况。成都创孵运营绩效值为 1.4482，排名第 10。二级指标得分情况：孵化器营收能力 0.6112、孵化器获得投资与资助 2.2857。

第二章

成都双创人文观察

益州险塞，沃野千里，天府之土。

——《隆中对》

成都，一座来了就不想离开的城市。

——张艺谋

无论是古代还是现代，创新的产生都和"交换"相关，交换最频繁的地方，就是最容易产生创新的地方。

——《大历史》

全面加强天府文化建设，发展创新创造、优雅时尚、乐观包容、友善公益的天府文化。

——2018年《成都市人民政府工作报告》

成都繁荣于富饶，受制于封闭。大众创业、万众创新入蜀将改变四川盆地马尔萨斯循环的历史进程。

第一节　天选之城

益州险塞，沃野千里，天府之土。

——《隆中对》

古人在 1800 年前就将成都的地理优势和资源禀赋优势进行了高度概括。良好的地理优势无疑有利于人类的生存和发展，温润适宜的平原地带是人类劳动和经济活动投入产出比最高的区域，聚集了大量的人类并产生了强大的文明。

中国大陆在胡焕庸线（图 2-1 中红线）以东聚集了中国 90% 以上的人口，其中尤以中华文明的发源地——黄河流域的华北平原（图 2-1 中 1 部分）和长江流域中下游的平原地带（图 2-1 中 2 部分）形成中华文

图2-1　中国人口分布

注：本图只作理论研究，不作版图范围展示。

明的主体部分。其他如关中（汉中）盆地（图 2-1 中 3 部分）、四川盆地
（图 2-1 中 4 部分）、岭南的珠江三角洲一带（图 2-1 中 6 部分）和东北
平原一起构成了开口向内的 4 个相对封闭且富饶的子系统，以上这些地
区都是我国宜于人类生产生活，并在历史上都曾经是经济、政治、文化
发展的核心地区。

虽说不能机械地以"环境决定论"来解释全部的历史和现实，但是
中华文明的发展的确就是在华北平原、长江中下游平原、东北平原、关
中（汉中）盆地和四川盆地（图 2-2）等几个相对封闭的地理系统内轮回
演进。其中尤以在青藏高原、大巴山、巫山、大娄山、云贵高原环绕而
成的四川盆地的地理、气候、资源禀赋和封闭程度最为优良。

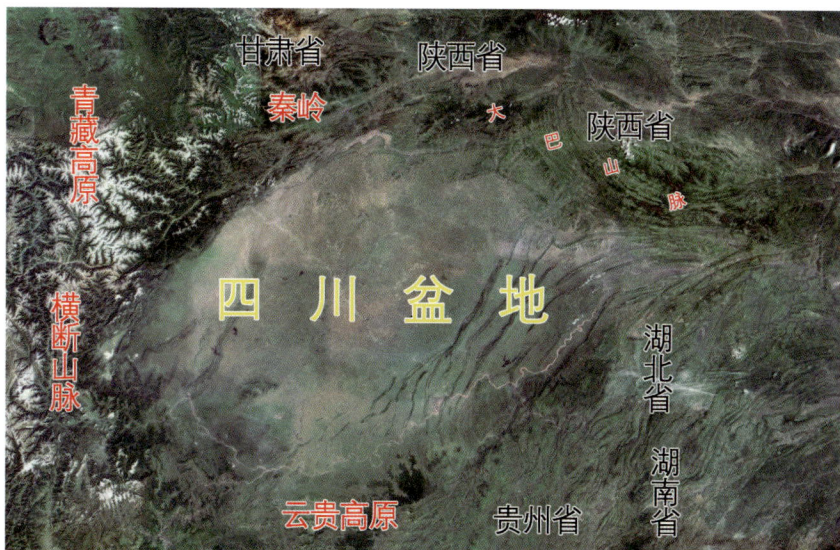

图2-2　四川盆地

注：本图只作理论研究，不作版图范围展示。

成都作为四川盆地中的盆地，既有天然的肥沃土地，又有天人合一
的都江堰人造灌溉工程，水渠纵横，农业发达，物产丰饶，人口稠密。

秦代以后，硬是把关中盆地的"天府"之名夺去，冠以至今。形成了一个相对封闭而又充满活力的地理、经济、文化和社会系统。

据史书记载，公元前5世纪，开明王朝九世在四川盆地西部建城，"一年成邑，三年成都"，故名成都，历经4500多年，城址未徙，城名未易；唐为中国最发达的工商业城市之一，史称"扬一益二"；北宋是汴京以外的第二大都会。成都作为四川盆地的最低点，东、西高低悬殊，冬湿冷、春早、无霜期较长，四季分明，热量丰富。由下而上呈现出暖温带、温带、寒温带、亚寒带、寒带等多种气候类型。这种热量的垂直变化，为成都发展农业特别是多种经营创造了十分有利的条件。成都降水丰沛，河网密度大，水质优良，基本上能满足成都人民生活和生产建设用水的需要。

城市的诞生和发展取决于自然、地理、经济、社会、政治、文化等诸方面的因素，但是其创新和创业的活跃程度则基于其商品交换的便利程度，以及商业文化的传承。

良好的区位优势给了成都聚集商品和人才的先天条件，给了创业者安居乐业的环境基础。成都交通便利，区位优势明显，也为创新要素的流动提供了便利条件。自古以来，成都就是北方丝绸之路、南方丝绸之路和长江经济带三大交通线和经济带的交汇点。新时期，在四川自贸区建设、蓉欧国际快铁提速、天府国际机场建设等交织作用下，成都逐渐由对外开放边沿变身对外开放前沿（图2-3）。成都是全国第四大人口城市，1600万人口的成都为企业提供了发展壮大的充足空间和广阔的市场。

国内战略性新兴产业顶尖咨询机构赛迪顾问发布的《2016—2017年中国城市新经济竞争力年度报告》显示，位居西部的成都以31.15分位列全国第7，在中西部城市中排名第1。

图2-3　成都交通网

注：本图只作理论研究，不作版图范围展示。

第二节　魅力之都

成都，一座来了就不想离开的城市。

——张艺谋

近年来，"漂"字在中国有了新的含义，由于流动性增加和区域经济发展不均衡，优质的城市总是能够吸引有创业梦想的外地年轻人前来"漂泊"。"少不入川"的民间谚语流传千年，但在双创时代，这一警言视乎正在失效，越来越多的年轻人入川入蜀打拼自己崭新的人生。开放的成都不仅能够帮助创业创新者功成名就，良好的人文环境还是吸引各地青年入川打拼的潜在引力。

"蓉漂"一词近年来在成都开始流行，与"北漂"的意思大体相近。但"漂"的目的，除了成都良好的双创环境造就更多的创业机会之外，美食美景美女同样具有磁性。据四川移动根据一季度数据统计，当前成都的常住人口中，"蓉漂"一族占比高达 37.2%，此数据可与北京、上海、广州等一线城市的相关数据媲美。

一、政策引人

在 2014 年双创提出以来，成都陆续出台了"人才新政十二条"及《关于深化人才发展体制机制改革　加快推进国家中心城市建设的实施意见》《关于深入实施"创业天府"行动计划　加快打造西部人才核心聚集区的若干政策》《成都市科技人才创新创业资助管理办法》《成都市引进培育急需紧缺技能人才实施办法》《成都市鼓励企业引进培育急需紧缺专业技术人才实施办法》《成都实施人才优先发展战略行动计划》《成都市引进高层次创新创业人才实施办法》等政策。以上系列政策出台之后吸引了大批青年来蓉创业、就业，他们成为真正意义上的第一批"蓉漂"。

据 58 同城发布的《2018 年二季度人才招聘报告》显示，第二季度招聘活跃度环比涨幅前 3 位的城市依次是东莞、广州、成都。同时，新一线城市成都招聘活跃度持续上涨，超过广州和上海，排名第 3（图 2-4）。

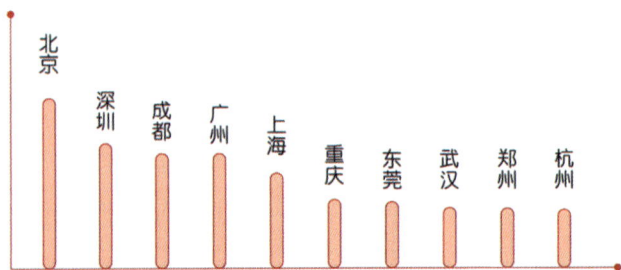

图2-4　2018年第二季度企业招聘热门城市前10

资料来源：58 同城发布的《2018 年二季度人才招聘报告》。

二、科教留人

成都高校总数达到 52 所，每年有近 30 万大学毕业生，拥有两院院士 36 人、国家"千人计划"233 人、省"千人计划"专家 672 人、专业技术人才超过 135 万人、全市各类人才 460 万人，均位居中西部城市前列。成都科教资源丰富，科研实力雄厚，拥有四川大学、电子科技大学等52 所高校，中国科学院成都分院等 30 家国家级科研机构，牵引动力国家实验室、生物治疗国家实验室、高分子材料、机械工程等 87 个国家重点学科和国家重点实验室，在信息安全、轨道交通、磁悬浮、口腔医学、脑科学、生物疫苗等领域具有较强的国际影响力和竞争优势。这些优势都为成都的创新创业提供优质的基础条件和人才储备。

三、美物聚人

成都美女全国闻名，蜀绣明丽清秀，美食更是名扬天下。成都于2010 年 2 月获批加入联合国教科文组织创意城市网络并被授予"美食之都"称号。川菜以辣闻名天下，却不仅仅止于辣味。川菜属中国四大菜系（鲁、川、淮扬、粤）之一，其强劲的势力早已渗透到全国各地每个角落。与中国其他城市相比，成都美景同样不遑多让，如都江堰、宽窄巷子、杜甫草堂、锦里古街、武侯祠、青城山……

第三节　葵中之蘁

无论是古代还是现代，创新的产生都和"交换"相关，交换最频繁的地方，就是最容易产生创新的地方。

——《大历史》

　　成都具有 4000 多年文明发展史和 2000 多年城市发展史，是巴蜀文明的重要发祥地，孕育出思想开明、生活乐观、悠长厚重、独具魅力的风尚特质。但在历史上由于地域的封闭性导致文化交流的距离障碍，也有《华阳国志》中对成都人"君子精敏，小人鬼黠"的评价。

　　说文解字中"罗（蜀）"字的解释："葵中蚕也。从虫，上目象蜀头形，中象其身蜎蜎。""罗"这一既象形又会意的古汉字表现得非常之形象，既体现了四川盆地的富庶（葵），也形象地表现了四川盆地的形状和封闭性。似乎也隐喻了古益州像天虫（蚕）一样难以"化茧成蝶"，飞出盆地。

　　"少不入川，老不出蜀"的俗语既体现了四川的富庶养人，也反映了川人在天府之中难舒大志。四川的富庶毋庸置疑，但四川盆地的封闭也是人所共知。由诸多大山环绕而成的四川盆地，由于土地肥沃和气候适宜就像一个宝盆，但在古代绝不是一个聚宝盆。诗仙李白的"蜀道难难于上青天"说明四川盆地与外界交换能量非常不易，导致了"天下未乱蜀先乱，天下已平蜀未平"的历史循环。

　　如果从系统学的角度来解释"天下未乱蜀先乱，天下已平蜀未平"的现象，那就是在外部能量输入不足的情况下，封闭系统内的熵值（混乱程度）会不断增大，四川盆地的社会系统内部在熵值积累到一定程度的时候就会出现快速崩溃的现象，而同样由于其封闭性，系统恢复的速度又非常之缓慢。

　　封闭系统要解决熵增的问题，有两个途径。一个是要打开封闭系统，构建与外界优质能量交换的通道，降低系统内部的混乱程度。新中国成立以来，四川交通的逐渐便利和成都的独特魅力正在短时间内吸引外部优质能量的不断导入，通过能量的交换逐步减熵。另一个则是长效的解决方案，那就是要在内部减熵。在经济发展上要实现系统内部自组织、自循环、优胜劣汰，从无序向有序演化。而这一减熵的手段需要系统内要素进行自我升华，需要商业文明和社会文化的共同进步。双创入川正是实现内部减熵的有效手段，将深刻改变成都人文地理的历史循环。

双创战略实施以来，创新创业渐入人心。成都人传统的慢节奏正在时代的大潮中加速。越来越多的成都人从被动到主动，从"让我干"到"我要创"，挖掘出大众参与创新、主动创业的内生动力。老百姓不再是创新的旁观者，而是变成了参与者，通过创业的方式思考创新、追逐创新、实现创新。创新领域逐步向大众开放，创新创业人才基数不断放大，加快了追赶创新发达地区的速度。

化茧成蝶的历史机遇就在眼前！

第四节　化茧成蝶

全面加强天府文化建设，发展创新创造、优雅时尚、乐观包容、友善公益的天府文化。

——2018 年《成都市人民政府工作报告》

区域文化作为一种潜在的价值判断标准系统和行为标准系统，深刻地影响着城市中人们的思维习惯和行为模式，落后的、不适应市场经济发展的区域文化将极大地阻碍城市经济的发展。近年来，中国经济的高速发展与文化变迁相互促进，适应创新创业文化的地区快速发展，不适应文化变迁的地区发展缓慢，甚至倒退。

大众创业、万众创新的提出是中国有史以来第一次将创新和创业的概念与大众群体联系到一起，这是中国文化的又一次创新。双创将创新和创业的理念逐步根植于社会文化领域，如将创业理念引入创新领域，将加速科研成果转化，将创新的习惯植入创业领域，将加速新旧动能转

换。因此，双创给了成都这个同时具备创新和创业资源的城市又一次羽化成蝶的机会。

蜀文化与创文化正在相向而行。成都的文化特征在和双创的互动之间，可以说既有相通之处，也有矛盾之点。本书成稿之前对成都创业文化做了专门的调研，共收集创业者问卷 356 份，其中回收有效问卷 300份。包括对成都的包容性、开放性、城市吸引力、生活成本、社会平等性及成都居民的悠闲度、自信心、理想主义、文艺性与契约精神的评价。通过调研我们发现，成都的文化对创业行为影响深远。

在选取的各项指标中，认可度最高的是成都的包容性和开放性，90.30% 的人认为成都具有较好以上的包容性；90.00% 的人认为成都具有较好以上的开放性；78.67% 的人认为成都生活悠闲度较高或高；认为生活成本一般的占 46.49%，认为高和低的大体一致；47.82% 的人认为成都城市吸引力较高，46.15% 的人认为成都的城市吸引力中等；67.78% 的人认为成都具有较高以上的社会平等性；70.66% 的人认为成都人自信心较强或强；46.33% 的人认为成都人的理想主义倾向一般，29.33% 的人认为成都人的理想主义倾向较多，16.33% 的人认为成都人的理想主义倾向多；62.33% 的人认为成都人追求生活的文艺性较多或多；认为成都人契约精神较高或高的只有 47.82%，半数以上的人认为成都人契约精神一般或较低，在这个城市经商，更重人情关系而不在意契约约束。

所以从文化的角度，我们就为成都创业环境构建了一幅画像。成都是一个开放包容的城市，生活成本适中，成都人追求生活的安逸并且较为理性现实，能够吸引外来创业者前来创业，但是契约精神可能成为短板。进一步通过对数据的因子分析归集后可以发现，就双创来讲，成都的综合吸引力和文化感召力较强、商业软实力需要加强。

李泽厚先生曾经归纳中国的传统文化特质是"实用理性精神"，重功用而轻思想，重技术而轻科学。如果体现在商业文化上就是追求"短平快"，而体现在创新文化上就是擅模式创新、模仿创新，弱原始创新。如果这一特质体现在成都的创新创业文化上可能又要加上一条"休闲主义"，调研发现成都人既愿意参与创业，但是又容易小富即足，即使做强也是地域内的强，创业后迈出成都，在更大的舞台上做强做大的意愿和欲望并不强烈。

但是，通过贯穿一年的观察，我们发现了成都创业生态的变化，双创理念逐步深入民心，正在改变着成都的创业文化。大量"蓉漂"创业者涌入，他们吃苦耐劳、积极挑战更大舞台的精神，正在加速推动着成都创业文化的进步。在后文我们会看到，众多成都的创业者正在努力做强做大，成都的包容与开放，正在为自己的未来带来红利。

成都

中国城市双创观察

第三章
成都双创服务观察

    成都打造双创的沃土，离不开政策的吸引和市场的撬动。近年来，成都从人才引进、平台建设、资金扶持等方面统筹发力，推出一系列创新创业新政。从职务科技成果权属混合所有制改革到与名校名院名企共同搭建科学研发平台；从牢固树立"不唯地域、不求所有、不拘一格"的新人才观，到全面推进"放管服"改革，打造多层次创业服务体系……成都以政策作为有力的磁场，源源不断地让人才、技术、资金等要素向此聚集，迸发力量。

第一节　全方位双创服务体系

一、独具特色的"3+M+N"孵化体系

2016 年 4 月，成都正式发布《成都"创业天府"行动计划 2.0 版》，提出布局"3+M+N"双创载体空间，实现创新创业孵化功能升级，目前"3+M+N"布局已初步形成（图 3-1）。

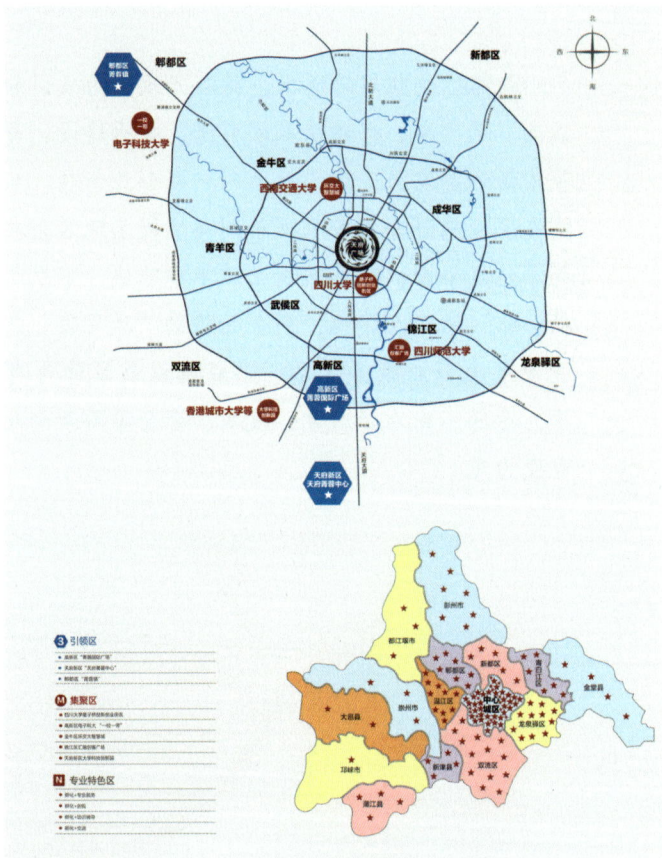

图 3-1　"3+M+N"双创载体空间布局

　　"3"——双创引领区。支持高新区以孵化新技术、培育新业态、实现新价值为核心，打造全国最大的创新创业服务平台和全国一流的众创空间聚集区；加快推进天府新区建设，以"鹿溪智谷"为核心，打造包括创业孵化在内的高新技术服务业聚集区；推动郫都区菁蓉镇成为双创示范基地核心区域和具有国际水准的创客小镇。截至2018年6月，高新区"菁蓉国际广场"已引进乐视云计算中心西区创新中心、阿里百川（成都）创业基地等20余家国内外知名新型孵化器，中力汇通新能源汽车、纵横大鹏无人机等600余家科技型创业企业入驻；天府新区"天府菁蓉中心"总建筑面积82万平方米，已引进诺基亚全球技术研发中心、启明星辰西部研发中心、北航西部国际创新港、清华四川能源互联网研究院、电子科大天府数智谷创新基地、中科院成都科学研究中心、斯坦福天府研究院等一批全球全国领先的科技领军型企业和机构；菁蓉镇已形成众创空间109.08万平方米，聚集大数据、无人机、新材料、生物医疗、VR/AR技术等新兴产业项目1907个，引进清华启迪、京东云创等新型孵化器65家，聚集创客2.1万余人。

　　"M"——双创集聚区。引导各区（市）县结合区域经济结构及产业分布特色，通过"建、转、改"并举，街区、社区、校区、园区四区联动，聚集、整合、优化区域创新创业要素。针对成都高校院所云集、科教资源丰富的特点，将创新创业载体的建设发展与高校、科研机构的建设发展紧密结合，构建环高校知识经济圈，促进高校知识溢出转化。目前，武侯区正联合四川大学建设磨子桥创新创业街区，金牛区联合西南交通大学建设环交大智慧城，锦江区依托民营资本建设汇融创客广场，青羊区转改建太升创业大街，双流区引进知名大学建设天府新区大学科技创新园等。截至2018年6月，天府新区大学科技创新园已组建电子科技大学、香港城市大学等5所高校研究院（已建成载体4个），规划建设

4 个产业园（电子科大产业园一期 5 万平方米已建成、二期 3.6 万平方米预计 2008 年年底建成，成信大产业园一期 2 万平方米预计 2018 年年底建成），累计引进企业 250 家，团队 121 个，"成创空间""E 创空间"获得全省首批 10 家众创空间授牌，电子科技大学国家大学科技园被评定为省级孵化器，搭建了"欧洲电子信息产业中心""双流——硅谷直通车"等国际化科技交流合作平台，香港城市大学成都研究院被四川省省委组织部授予"川港科技创新人才基地"称号；汇融创客广场先后入驻企业 714 家，其中虚拟注册企业超过 418 家，实际物理空间入住 296 家，双创载体面积 1.15 万平方米，聚集洪泰智能硬件孵化器、中国"新三板"企业家联盟等 5 家科技企业孵化器及众创空间，孵化创业项目超过 200 个，其中 10 个项目共计获得 3940 万元的融资。

"N"——专业特色区。鼓励各区（市）县立足特色优势产业，围绕支柱产业、优势产业和未来产业布局市场化、专业化、国际化的科技企业孵化器及众创空间，建立"N"个双创特色区。例如，明堂青年文化创意中心，位于成都传统文化区域的"少城"，前身是几乎已经废弃的两幢 20 世纪 80 年代旧楼，现在经过重新改造后已成为文创产业的运营平台。大力支持龙头企业建设众创空间，推进龙头企业与产业链、技术链上中小微企业、高校院所和各类创客群体有机结合，充分发挥引领带动作用，形成产业创新创业生态群落。目前，成都不仅有腾讯、阿里、海尔、中航、航天科工等外地企业来蓉抢占双创高地，更有本土的中电二十九所、中铁二院、三泰电子等龙头企业在自己孵化产业链上深耕细作，打造众创空间。

二、引领风尚的城市双创品牌活动

成都聚焦发展新经济，围绕 66 个重点产业园区发展需求，走进产业园区开展特定主题与产业领域的"菁蓉汇"系列活动，以活动和项目为牵引，通过政策宣讲、项目招引、人才对接等方式，提供契合园区发展特点的培训辅导服务，引导国内外优质创新创业资源向园区聚集、向企业聚集。自2015年开始累计举办系列活动522场，并开展了硅谷、首尔、特拉维夫、莫斯科、柏林等国际专场活动，近700家（次）创投机构、14 000家创业企业及团队，61.5万余人以多种方式参与。

成都已连续举办四届"全球创新创业交易会"，借助会议活动推动全球创新创业资源汇聚、融合、对接，打造具有国际影响力、"永不谢幕"的展示和交易平台。2018年，以"发展新经济 培育新动能"为主题的第四届成都全球创新创业交易会，采取线下活动与线上平台相结合的活动形式，成功举办主体活动14场，配套活动25场，来自美国、加拿大、俄罗斯、德国、日本、韩国等30余个国家的2位诺贝尔奖得主、4位院士、50余位全球知名高校负责人，360集团、商汤科技、平安好医生等120余家知名企业，共2400余名嘉宾（其中外宾300余名）出席会议，60多家创投机构参加了项目路演和成果分享，各类创新创业项目、技术成交总额达305亿元。

"创业天府"行动计划实施以来，社会各界广泛关注，中央电视台、凤凰卫视、《人民日报》、《光明日报》、新华社等多家媒体聚焦成都创新创业全方位报道，一批创业明星家喻户晓，"蓉漂""创客""双创载体"等概念广为人知，城市创新创业氛围日益浓厚，"宜业宜居之城，创新创业之都"的城市品牌享誉国内外。

三、核心支撑的"投＋贷＋贴"投融资服务体系

成都充分发挥科技创业天使引导资金的引导作用，撬动更多社会资本设立天使投资基金，满足科技中小企业直接融资需求。已联合洪泰（成

都）基金、合力投资、鼎祥股权投资基金、西藏瀚博投资、成都技术转移（集团）等机构及社会投资者批复组建 14 支天使投资基金，基金总规模 12.36 亿元。截至 2018 年 6 月，基金已投资 71 个项目，实现投资 4.99 亿元。投资的广达电子、必控科技等 12 家科技企业成功挂牌"新三板"，咕咚、成飞泰达、狮之吼等科技企业快速成长为行业细分领域的领军企业。2017 年 12 月，天使投资引导资金 1000 万元准备以原始投资额转让，退出首支天使投资基金——盈创兴科基金。2018 年 5 月，天使投资引导资金 2000 万元已按计划退出引导性参股的成都盈创德弘天使投资基金，天使投资基金"引导＋让利"投资机制的优越性得到充分体现。

壮大科技企业债权融资风险补偿资金池规模，引导金融机构开发更多科技信贷产品并简化和加快审贷流程，为科技中小企业提供更多信用贷款融资支持。2017 年与光大银行成都分行、天府银行、上海银行成都分行 3 家新增银行合作，推出更多"银政""银政担""银政保"等不同模式的科创贷。截至 2018 年 6 月，科技企业债权融资风险补偿资金池规模超 50 亿元，共有 1357 家科技中小企业获得"科创贷"信用产品贷款 30.04 亿元。其中，2018 年上半年共计有 290 家科技中小企业获得"科创贷"信用贷款产品贷款 6.67 亿元。

落实科技金融扶持政策，对科技企业获得天使投资、债权融资，挂牌全国中小企业股份转让系统，购买科技与专利保险等进行资助。2018 年上半年，共计对 582 家科技企业提供金融资助 5100 万元，帮助企业实现融资 11.74 亿元，财政科技资金实现放大 23 倍，其中获得银行贷款 5.49 亿元，获得天使投资 6.25 亿元；企业科技与专利保险金额达 256.73 亿元，新增"新三板"挂牌企业 40 家。

实施"科技企业创新券"计划，重点扶持科技型中小微企业发展，对企业、中介给予双向补贴，鼓励企业购买创新创业服务产品，促进创业企业和服务机构"精准对接"，2018 年上半年完成服务 417 单，合同金额达 440.5 万元。自 2014 年 9 月实施"科技创新券"计划以来，累计共有 1469 家企业申领"科技创新券"达 1.7 亿元。

第二节　构建双创核心承载力

"十三五"期间，成都创业孵化事业在全社会形成良好基础和高度共识，进入全面深化发展阶段，创业孵化体系基本健全，已成为成都创新驱动发展的重要载体和具体抓手。成都孵化器规模不断扩大、能力显著增强、成效充分彰显，营造了浓厚的创新创业氛围，为转变成都经济发展方式、建设创新型城市做出积极贡献，有力助推了大众创新、万众创业。

一、载体规模

截至 2017 年年底，已挂牌的科技企业孵化器达到了 171 家（不含经信系统认定的 67 家小企业创业基地，商务系统认定的 22 家电子商务众创空间），孵化面积 540 万平方米，在孵企业 6514 家、在孵团队 3100 个，在孵企业及团队总人数约 11.77 万人，载体的平均入驻率约为 72.65%。仅 2016 年，毕业企业达到 841 家，毕业团队 306 个。

二、空间布局

截至 2017 年年底，成都 171 家孵化器中，中心城区拥有 158 家孵化器，其中高新区有 49 家，以天府软件园创业场和 NEXT 创业空间等为代表的孵化器需要经过排队和严格的项目筛选才能入驻，产业基础和相关配套设施的优势显著，集聚效应明显。郊区新城拥有孵化器 13 家，受制于交通、人才、高校院所、产业分布等因素，孵化器发展相对滞后。

三、配套资助

在国家部署大力发展科技企业孵化器的基础上，成都于 2013 年首次出台了《成都市创新创业载体资助管理办法》，以后补助的形式，对成都新建和已建的创新创业载体给予最高 150 万元的财政补贴，并于 2014 年、2016 年和 2017 年分别进行了 3 次修订，支持的范围从最初只针对新建和已建载体，扩大到新引进载体、转改建及异地孵化，再增加到双创聚集区，充分体现了成都对创新创业载体发展的重视。2013—2017 年，成都对新建创新创业载体的累计资助达到了 149 家，共计 5430 万元；对国家级新建创新创业载体的资助累计达到 19 家，共计 1900 万元；对已建载体的累计资助达到 102 家，共计 3450 万元（图 3-2）。

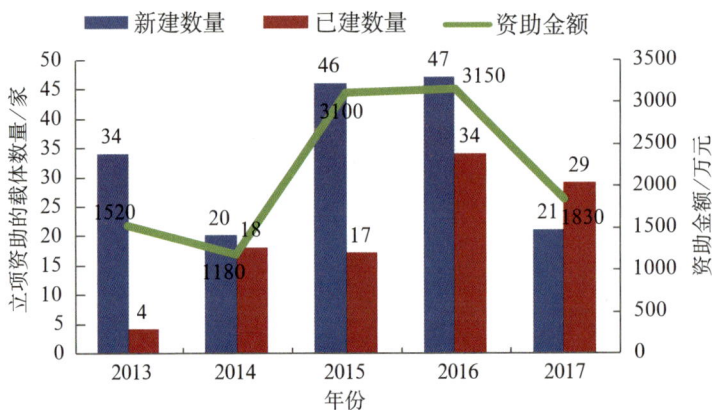

图3-2　2013—2017年成都创新创业载体立项资助情况

四、投资主体

截至 2016 年年底，由政府主导和国有企业投资建立的创业孵化载体占比 21.1%，与 2015 年相比降低了 3.2%。大学和科研院所兴建的创业孵化载体占比增加了 0.5%，民营和其他类型的创业孵化载体占比增加 1.8%，非政府主导打造的孵化载体占比增加 93.4%，实现了由初期政府单一投资发展到政府、企业、创投机构、高校独立或合作共建的多元化格局。

五、管理团队

截至 2017 年年底，成都创业孵化载体已经初步建成一支约 2500 人的管理队伍，其中 60% 是本科毕业生，18.5% 是硕士毕业生，3.0% 为博士毕业生，三者相加占比 81.5%，可谓高知识人才结构。其中，截至 2017 年 9 月，成都已完成孵化器专业培训的人员累计已经超过 1100 人，占全部运营管理人员的 21.91%，孵化器人才及团队已初具规模。截至 2017 年年底，成都创业导师已有 733 名，比 2015 年增加了 164%。

六、服务能力

一是积极引进公共技术服务平台。2015—2017 年，成都全部众创空间建立和引进的技术平台的增长率达到 65.8%。二是积极引进中介服务机构。2017 年成都载体合作的中介机构数已经超过了 1500 家，其中投融资类、专利代理类、法律代理类占比较高。三是积极举办创新创业活动。2017 年成都创新创业载体举办的各类创新创业活动场次数量为 2015 年的 4 倍多，其中众创空间（创业苗圃）开展的活动数量最多，增幅已达到 6 倍，占比 78.52%。四是积极探索"孵化 + 投资"模式。2017 年，成都已有 62% 的孵化载体建立了孵化基金，逐步提升投资服务能力。

七、孵化模式

随着创业企业需求的变化，纯粹提供物理空间的孵化器生存越发艰难，孵化器行业正由扩大运营面积向提升运营内涵转变，从简单的提供

物理空间转向全方位的创业服务，涌现出了"传统孵化器＋全孵化链条""成果转移＋基金"等多种新型模式的创新型孵化器。

八、孵化功能

在人才引进方面，通过创业孵化，成都已经储备大量关键人才，包括长江学者1人，国家"千人计划"28人，四川"千人计划"61人，中国科学院"千人计划"2人，两院院士5人，杰出青年科学基金获得者2人，成都人才计划中的高端人才49人。在研发成果方面，截至2016年年底，在孵企业新申请专利2962件，新获发明专利授权910件，而在孵创业团队新申请专利373件，新获发明专利授权82件，在孵累计获得专利8941项。此外，获得科技奖励的在孵企业共计457家，其中国家级8家，省级19家，市级49家，区县级91家。迄今在孵企业累计获得科技计划资助项目数1214项。值得重点关注的是，毕业企业中有接近六成的企业，在离开孵化载体之后仍然选择留在成都，也彰显了成都在吸纳企业和人才方面的巨大潜力。

第三节　双创服务发展着力点

一、发挥专业专长、突出高效高端，打造创业者茁壮成长的良田

成都一半以上的创新创业载体都是众创空间（创业苗圃），入驻的均为早期创业项目和创业团队。许多孵化器的功能和服务雷同，对在孵企业市场开拓、资源整合等方面的支撑有限，服务上缺乏核心竞争力。同时，多数孵化器内在孵项目属于电子信息、移动互联网等相关领域，

技术门槛较低，行业竞争激烈，项目失败率较高，直接影响到孵化器的生存。

越来越多创新型孵化器的出现，推动了孵化服务模式的日益丰富和新颖。目前，各个层级的孵化服务都在力求创新，提供更加专业化、高端化的加速服务，使孵化器成为发展新经济、培育新动能的新场景。

（一）构造更灵活的空间服务

对于提供空间服务的孵化器，不论场所条件如何，一般租金水平都会低于市场价格。例如，"创业苗圃"直接提供6个月内的免费使用权；"岛里"将办公空间设计得可增可减，力求满足企业不断变化的需求；以"苏河汇"为代表的创新型孵化器直接将空间的概念淡化，成为新的形式。

（二）提供更周到的基础服务

一是办公配套服务。大学科技园等传统孵化器，基于规模优势带来的低成本效应，为企业提供的服务越来越全面，如电子科大科技园、成都创业学院。二是政府公共服务。孵化器具有的公共服务功能特性，使其在发挥创业载体的基础上，也充当着企业与政府沟通的重要桥梁。孵化器在为企业申请专项资金、税收优惠、特许牌照，以及处理工商税务等程序方面，有着其他机构难以超越的便捷和高效性。三是增值商务服务。孵化器发挥的组织能力还可以更加丰富，如基金小镇、天府生命科技园定期组织极富商业价值的对接服务和特色活动。

（三）发挥更专业的高端引领

如果说低端服务只是吸引企业入驻的"保健因素"的话，那高端服

务才是真正的激励因素，如天府软件园创业场、NEXT、洪泰智造工场等提供超强的创业辅导服务、全球商业运作平台、高端人才链接服务等。孵化器的服务模式已经超出为初创企业降低门槛、解决资金需求，渡过初创瓶颈的孵化层次，而上升到促使项目从一个"想法"快速实现商业化、市场化、全球化的加速阶段。

（四）建立更有效的金融支撑

随着孵化模式的不断革新，"投资＋孵化"成为孵化器运作主流趋势，民间资本的积极参与，成为推动孵化器发展的关键因素。一是投资主体多元化，随着市场化进程的不断深入，孵化器投资主体改变了由政府和企业单一投资的格局，形成了政府、高校院所、企业集团、风险投资机构、天使投资基金等各类机构并存的局面。众多主体的参与，不仅带来了充足的孵化资金，更为民间资本提前获得优质项目资源开辟了渠道，此外，专业投资机构和投资人具有的丰富投资经验，也大大提高了项目孵化成功的概率。二是投资机制灵活化，不同的孵化器按投资阶段有单次投资和连续投资两种模式。按运作方式，呈现出基金运作、自由组合等方式。孵化器搭建了创业者和投资者之间的桥梁，增加了创业者获得融资的机会。

二、坚持共建共享、突出链接联合，形成全要素充分聚集的洼地

坚持共享理念，着力构建全要素、全周期、全产业链的孵化体系，在苗圃配置创新共享平台，推动科研设备、实验室和生产线共享开放，实现从创意到样品的突破。在孵化器配置智能硬件等行业共享试验室、小试和中试车间，解决从技术研发到小批量生产问题；在加速器配套共

享生产线，共享工厂，解决批量生产和扩大规模问题。在国际资源链接方面，例如，天府新谷在美国波士顿建立了孵化中心，同时引入了欧洲最大的孵化器 SBC 来蓉共建孵化器，都是帮助本地的创业者链接国际领先资源。充分发挥孵化器作为潜在独角兽企业培育者、产业组织者和资源链接者的作用，形成做"活"产业生态圈的新载体。

（一）发挥潜在独角兽企业培育者的作用

孵化器必须源源不断地培育和生产优秀的初创企业，并且通过培育和服务让他们毕业后到社会上变成优秀的企业。孵化器一定是铁打的营盘流水的企业，企业必须保证每年 10% ~ 30% 的更替，并且提高这个端口的筛选能力、服务能力和创造能力。例如，近期成都的极米科技、果小美、医云科技等纷纷获得 C 轮融资，呈现出了前所未有的活力，颇具独角兽潜质，而这些成长快、在全国领先的企业都是从孵化器培育而来的。

（二）发挥产业组织者的作用

基于资源优势和行业经验，针对特定领域的重度垂直孵化器越来越受重视。这类孵化器在抢抓新兴产业机遇、培育原创产业源头、形成产业链配套上发挥着重要作用。引导和鼓励高校、龙头企业，从高技术服务业的角度切入孵化器领域，充分发挥自身对产业有更深刻了解和认识的优势，加强产业链上下游、国内外之间的交流，探索产业孵化体系模式，推动产业发展。例如，成都洪泰智造工场率先使用全球领先的"基金＋重度服务"的孵化模式，为创业者提供一种全新的孵化形态。通过为创业者提供孵化空间、投融资服务、研发生产制造、产品营销体系构建、品牌推广传播等全要素服务，营造良好的硬件创新创业生态环境，形成组织体系网络化、创业服务专业化、服务体系规范化的发展局面。

特别是，与BAT、富士康、四川长虹、京东众筹、洛可可等业界知名品牌的战略合作，为硬件创业者提供全方位、全要素、全周期的生态服务。从这个层面上来说，成都洪泰智造工场俨然从单纯的孵化器上升为产业组织者。

（三）发挥全球资源链接者的作用

孵化器作为新思想、新产业、新商业模式的重要发现者，成为聚集各种创新要素的重要磁体，其辐射范围也随着全球化的趋势日渐扩大。创业人才、创业经验、风险资本、商业信息等高端要素，由孵化器作为链接的结点，编织成一张遍布全球的流动网络。引导和鼓励成都有条件的孵化器利用与海外孵化机构的合作关系，帮助科技中小企业培育国际化视野，开拓国际市场，引进海外技术；同时，积极引进、寻找海外项目、人才、技术、企业，为他们来蓉寻找合作伙伴，谋求商业发展提供合作平台。例如，在连续举办四届的中国·成都全球创新创业交易会上，成都邀请了许多国际知名的产业园区、孵化机构与本土的孵化机构开展对接交流活动，搭建全球创新创业资源网络，为本土孵化机构链接全球资源搭建平台。

三、鼓励创新创造、突出多层多元，培厚新经济加快发展的沃土

成都已建孵化器主要集中在中心城区，郊区新城发展相对滞后。另外，各孵化器地理上分布零散，未能形成集群效应和规模优势，不利于形成创业生态体系和打造品牌。根据"东进、南拓、西控、北改、中优"的城市发展导向和区域功能定位，全面优化孵化器空间布局，推动优势产业、优秀企业向园区城市集中，引导优质资源配置向特色园区倾斜，

形成人产城融合协调发展的新典范。

（一）布局孵化器新空间

一是按照《成都产业发展白皮书》关于产业园区统筹规划布局，立足产业基础和区位优势，发展特色孵化器。二是按照中心城区和远郊新城的布局，构建"创业苗圃（众创空间）—孵化器—加速器"孵化链条。在中心城区依托良好的产业基础、优良的区位条件和战略地位，大力发展低成本、便利化、全要素、开放式的众创空间。远郊新城瞄准先进制造业、战略性新兴产业、现代服务业等产业方向，建设能够承接中心城区孵化毕业企业的加速器、创业社区、特色科技产业基地，为中心城区孵化毕业企业提供更大的研发和生产空间。三是坚持在"大学校区＋产业园区＋生活社区"三位一体的空间布局孵化器，以大学校区聚智慧、以孵化器和产业园区聚企业、以生活社区聚人气，三位一体交融交织，形成一盘活棋。例如，围绕"东进"战略，可考虑以电子科技大学与京东方合作项目为切入点，试点同步布局高校、孵化器、产业园区、教育、医疗、文化等生活配套设施。

（二）构建孵化新业态

鼓励龙头骨干企业、高校院所、社会资本等共建平台型孵化器。发挥龙头企业在资金、场地、产业及品牌的资源优势，构建"平台＋创投＋市场"的孵化模式，鼓励企业外部和内部孵化，培育和孵化具有前沿技术和全新商业模式的创业企业；发挥高校、科研院所在科技人才、创新成果、科研设备、实验室等方面的创新资源优势，吸引社会资本，共建新型产业技术研究院和高校院所成果转化集聚区等新型孵化业态。

（三）探索孵化运营新模式

探索"政府出政策＋市场专业化机构运营"的运营模式，充分发挥政府公益服务和市场化利益驱动的聚合效力，激发双创集聚区的持续性活力。

第四节　各具特色双创载体平台

一、支撑双创服务生态——科创通

科创通是成都的"一站式"创新创业服务平台，是成都创新创业这几年在全国迅速崛起的平台基础。在全国范围内，成都的科创通都可以说是通过"一站式"解决方案为创新创业事业添砖加瓦、为创客们保驾护航的典范。

科创通的主要特点就是"一站式"、全方位、便捷化和线下的人气活动。首先，作为成都创新创业服务的平台，它不像其他省市的类似平台，被局限于仅作为科技部门的管理双创的一个手段，而是真正地作为一个政府的网上双创服务机构，能整合政府各部门的资源；其次，它对企业的帮扶也是全方位的，从入孵找空间，到发展找资本，到运营找客户，科创通都能提供网状的支撑；再次，科创通最重要的是它的便捷化，所有的服务与创客的需求高度匹配，且在网站中部位置以一目了然的方式呈现，几乎所有的流程全部网上办理办结，创客们可以很容易就了解使用；最后，其实也是最重要的，就是科创通团队不间断地联合创新创业载体组织极高参与度的双创活动，让成都的孵化器人成为一个客观实际存在、互有来往的 Collective Learning 群体，这在全国并不多见。

通过科创通聚集创新要素资源，面向创业团队、创业企业、创业服务机构、创新创业载体四类主体提供全方位、全流程的专业化服务，成都构建了完整的创新创业服务生态。截至2018年6月，科创通平台已汇聚创业服务机构近700家、创业服务产品1800余个、创新创业载体260家，服务辐射全市两万家创业企业和团队，月均点击量达到10万人次以上。已发起设立14支天使投资基金，资金规模达12.35亿元，对60家科技中小企业实现投资4.26亿元，其中12家企业成功挂牌"新三板"。联合17家银行、3家担保公司、1家保险公司和11个区（市）县政府设立了52.02亿元的债权融资资金池，推出信贷规模超过50亿元的"科创贷"债权融资产品，已累计为1157家企业提供信用贷款、知识产权和股权质押贷款25.45亿元。累计已有1858家企业申领"科技创新券"14 070万元。

同时，科创通的发展得到了全国的高度关注，截至2018年6月，科创通平台与遂宁市、攀枝花等省内地市州及与西安、拉萨等地的合作也已经落地，依托平台助力当地双创更快发展。

二、构建创新创业承载高地——菁蓉国际广场

作为双创引领区代表的菁蓉国际广场是成都高新区按照建设国家自主创新示范区打造具有全球影响力的新经济双创载体聚集区。突出创新创业要素的吸引、聚集，引入培育创新型孵化器，搭建资讯、培训、资金、孵化等创新创业平台，充分发挥创新创业资源的集聚效应和创新创业活动的规模优势，实现线上与线下、创新与创业、孵化与投资相结合，为创业者提供良好的工作空间、网络空间、社交空间和资源共享空间。

截至2018年6月，菁蓉国际广场已引进微软云加速基地、阿里巴巴创新中心、艾格拉斯移动泛娱乐国际孵化器等27家国内外知名的新型孵化器，结合出台精准有效的创新创业扶持政策、打造高新技术服务体系、实施"种子"企业梯度培育计划、实施精品活动提升工程、营造创

新创业氛围等多种手段，吸引入驻创新创业企业和项目共 1368 家，高层次人才创业企业 142 家，大学生创业企业 55 家、高新技术企业 2 家，员工人数共计 5025 人，其中高层次人才总数 379 人，中国工程院院士 1 人，国家"千人计划"入选者 3 人，四川省"千人计划"入选者 6 人，知名企业骨干人员 14 人，2017 年共计实现销售收入 2.86 亿元，上缴税收 2287.56 万元。

菁蓉国际广场主要特色如下。

（1）构建"众创空间—孵化器—加速器"三器合一的全孵化链条

围绕新经济产业生态圈和创新生态链建设，以孵化培育生态为重点，以构建多元化应用场景为抓手，聚焦数字经济、智能经济、创意经济等新经济产业形态。发展数字经济，聚焦新一代信息技术基础领域，引进第五维国际孵化器、阿里巴巴创新中心（成都）等数字经济领域众创空间；发展智能经济，聚焦人工智能领域，引进芯空间、微软云加速基地等智能经济领域众创空间；发展创意经济，聚焦创意产业，引进酷狗音乐孵化器、游戏汇等创意经济领域众创空间。通过孵化培育一批众创空间、加速器、创新创业企业，催生新经济产业新技术、新模式、新业态。

（2）打造线上与线下结合开放式服务载体

依托菁蓉国际广场打造线上与线下结合的开放式服务载体，截至 2018 年 6 月，菁蓉国际广场已引进 27 家国内外知名新型众创空间，线下入驻项目 478 家，线上入驻项目 890 家，线上和线下入驻项目共计 1368 家，其中新经济产业相关企业 1200 家。

（3）推进投资与孵化融合发展

依托菁蓉国际广场深化"投融资＋专业孵化"发展模式，满足不同阶段创新创业企业对资金的需求。通过打造"投资人荟客厅"品牌，加强与孵化器、创投机构、双创媒体等创服机构的合作，搭建优质创业项目与投资人面对面的对接平台，开展跨地区、跨行业的合作和对接，持续推进产业人才资本对接，实现投资人与创业者的深度交流、高效对接，以投资理念促优质项目快速成长。截至 2018 年 6 月，入驻企业共获得股权融资额为 1.361 亿元和 9500 万美元。

（4）突出国际化、专业化、众创化特色

围绕国际化、专业化、众创化三大方向，积极探索离岸孵化、在线孵化、虚拟孵化三大新模式，截至 2018 年 6 月，在菁蓉国际广场已聚集国际化众创空间 6 家、专业化众创空间 9 家、众创化众创空间 19 家。

三、提供全方位孵化服务的支撑载体——孵化器和众创空间

在城市创新创业生态中，创新创业载体发挥了支撑作用，已然形成百花齐放的态势。成都创新创业载体逐渐从单纯的提供物理空间转向全方位的创业服务。在孵化创业企业、创业团队的同时，无论是孵化器，还是众创空间都在进行创新，为适应创业企业和创业团队的需求，孵化模式变得更加多样化，孵化内容更具特色。

（一）天府软件园创业场——打造双创最高地

天府软件园创业场成立于 2007 年 9 月，依托成都高新区产业优势和天府软件园丰富的企业及人力资源优势，打造完整的创业生态环境。目前，已建成"创业苗圃—孵化器—加速器—产业园"的多层级孵化模式，提供包括孵化工位、联合创业空间、独立空间等多形式众创空间，形成覆盖资金、人才、圈子、市场、创业辅导等方面的全方位"5C"培育计划。特别是，天府软件园向创业团队开放"园区第一市场"资源，利用

园区资源为创业项目提供产品推广及业务合作服务。

创业场已成功孵化医云科技、极米科技、Tap4fun、Camera360、TestBird、咕咚、狮之吼（LionMobi）、麦子学院、百词斩、鲁大师等众多国内外领先的企业和手机应用，以及银河帝国、王者帝国、斯巴达战争、三剑豪、帝国塔防 3、花千骨、忍者萌剑传、战地风暴等月流水过千万元的手机游戏产品。据统计，成都获得 A 轮以上融资的企业，一半以上来自于此。

（二）电子科大科技园——推动政产学研金协同创新

电子科大科技园是成都极具特色的大学科技园，遵循"一园三区统筹发展"战略，依托电子科技大学，在成都的东、西、南三地分别布局建设科技园，构建新兴电子信息产业黄金三角地带。从苗圃到产业园，政、产、学、研、金协同创新，拥有完整的电子产业孵化链。根据入驻企业特点，分级孵化，孵化模式以孵化器自身为中心转向用户为中心，形成了多种力量、多种模式、多种机制共同促进的全链条、多层次、立体化孵化格局。

电子科大电子信息产业孵化器（沙河园区）定位为"苗圃 + 孵化器"，位于电子科技大学沙河校区，由电子信息产业大厦与电子科技大学老图书馆"瀚海楼"组成，占地面积 22 000 多平方米，园区主要关注电子信息和生物医学科技两个领域。

电子科技大学西区科技园定位为"孵化器 + 加速器"，位于高新西区，是政、产、学、研、金、介协同创新的高效整合平台，中小微科技创业企业的专业孵化基地，是电子科技大学服务经济社会升级转型发展的主要物理载体之一。

电子科大科技园（天府园）定位为"加速器 + 产业园"，位于天府新区发展核心区域，是推动电子科技大学科技成果转化、创业企业孵化、创新创业人才培养的科技创新平台。主要布局集成电路、智能硬件等高技术产业，采取"一体两翼"运行服务模式，一体指载体建设，两翼分别是科技服务和科技投资。

（三）明堂青年文化创意中心——构建城市文创地标

成都市青羊区的少城片区有着浓郁的文化、文艺气息，不仅有世界闻名的宽窄巷子，还有历史悠久的青羊宫与琴台路，更有国际及国内知名艺术家辈出的成都画院，诸多的文化气场汇聚于此，得到了成都文化人与文艺青年对这一片区的文化认可，他们常常流连忘返于宽窄巷子、小通巷、奎星楼的小咖啡馆与小酒吧，因为在这里他们能够真正地享受到属于成都的那股特殊文艺气息。

明堂青年文化创意中心就位于其中，其前身是几乎已经废弃的两幢 20 世纪 80 年代的旧楼，2013 年，经过民营文化投资公司（成都明堂创意企业管理有限公司）重新改造后，现在成为文创产业的运营平台。以运营小微文创团队和小微文创项目为核心主体，成为文创人的出发点、集结地、安乐窝、孵化器，目前该平台已聚集了 300 余支各类文创团队。在集结文创团队孵化文创项目的同时，对接有意进入文创产业的资本，并加以有机整合与运营后形成文创项目的市场化和资本化。

（四）洪泰智造工场——助力产业升级

智能硬件创业企业面临的最大问题，是从有产品的想法到做出样品，中间要经历很长时间。其原因在于，一是供应链不完整；二是生产样品的成本非常高。基于这两个原因，洪泰智造工场以"投资＋重度服务"的运营模式，为创业者提供全新的服务形态，为硬件创业者提供小

批量试产服务，包括产品定义、产品研发、生产，以及通过吸收和借鉴全球先进的营销经验与思维，构建全新的营销体系等，输出全流程、全要素、全生命周期的深度创业服务。

通过这种"一站式"服务，洪泰智造工场优化了成都的硬创环境，解决了创客们在早期起步难的问题。

第四章

成都创业者观察

在创业学中，创业者 (start-up founder) 是指具备敢于冒险、追求卓越精神，具备企业家精神（entrepreneurship）的企业创始人和参与经营的联合创始人。从公开且权威的工商数据角度出发，通过创业观察与分析，本书将创业者定义为市场主体的创始人及股东。

成都的创业者千千万万，本书无法面面俱到地进行观察，但是通过对成都的创业者进行调研分析，还是可以从万千创业者中归纳出人群类型和产业类型。无论是本地土生的创业者，还是"蓉漂"来的创业者，相较于北上广深，成都的创业者中，女性创业、高学历创业和文化领域创业极具特色。

第一节　女性创业者"人美心美半边天"

根据 2018 年 5 月 24 日发布的《成都市女性创业蓝皮书（2017 版）》，成都女性创客渗透率（女性创业者占女性总人口）排名仅次于北京、上海之后，居全国第 3，在这座城市，不经意间就能与女性并肩创业。

根据《成都市女性创业蓝皮书》，截至 2017 年 12 月底，成都共有各类市场主体 192.9 万户，其中由女性担任法人代表的市场主体 18.98 万户，有女性担任股东的市场主体 80.35 万户，占比约为 41.65%。按照《成都市 2017 年国民经济和社会发展统计公报》公布的数据，2017 年成都常住人口为 1604.47 万，即成都每约 8.3 人拥有一个市场主体，其中成都女性约每 10 人就有 1 人担任市场主体的股东。

10 名成都女性中就有一人在创业，如果将 18 岁以下的未成年人和 55 岁以上的退休女士抛开，会不会两三个成都女性就有一个在创业？根据 2016 品牌女性高峰论坛主办方数据，中国女性企业家群体约为全国企业家总数的 1/4，如果按照本书对创业者和企业家的定义，全国的女性创业者应低于 25% 的水平，甚或低于 20%，这个数据与成都的 41.65% 相比，充分说明：成都除了是一座让人来了就不想走的城市，还是一座女性能顶创业半边天的城市。

《成都市女性创业蓝皮书》指出，成都的女性创业者主流介于 24 ～ 30 岁，80% 拥有本科以上学历，70% 有中文传播、工商管理、艺术设计等专业学术背景。于是乎，青春、高知、小资、文青似乎是可以代表成都女性创业者的标签。成都女性创业者不但人美，而且心美。

一、成都女性创业者特质

（一）外表柔弱，内心坚强

一般人会把"创业"认为是成功学，其实"创业"是失败学，我们采访的创业者中，最愿意与人分享的经验就是"千万不要随便决定创业，如果决定创业，就要义无反顾，克服一切困难去做"。因为创业成功多有偶发因素，但失败的创业却基本都是死在同样的错误上。成都女性创业大多是激情创业，或许事先并没有做严谨的商业计划书，并没有准确地预测月度、季度、年度收支。在中国这个因快速发展而导致不确定性大于确定性的市场环境中，要想在商场驰骋，需要义无反顾和坚韧不拔的精神，凡是生搬硬套他人的创业经验进行创业的基本都失败了。

那么，为何成都有众多的女性成功创业的案例，是她们情商高？智商高？颜值高？还是人品爆发？其实都不是，笔者认为主要是成都女性看似柔弱的外表下，有坚持不懈的努力，对行业发展能够给出判断和把握的才气，以及勇往直前的勇气。当今社会有很多风口行业，以及众多需要与互联网、区块链等新场景、技术叠加来进行改造的传统行业和传统产业，整个社会的需求也在从大众化转向小众化发展。成都女性创业多从自己熟知的领域出发，细腻地捕捉小众化的机遇。同时，根据我们的观察，成都女性单独创业者甚少，通常多与闺蜜、好友或前一份工作中发掘的专业人士结伴合伙创业，还有更多是因专业能力突出，被创始人相中，力邀成为合伙人共同创业。

根据《成都女性创业蓝皮书》分析，成都女性的创业项目多为文创、文旅、农创等，产业特色明显，且多为精准对接妇女儿童和家庭需求的项目，如基于互联网的特色美食、音乐动漫、影视传媒、服饰文化创

意、创意手工编织、现代儿童学前教育、特色城市儿童休闲、特色小镇旅游、老年健康休闲等各类新型企业。此外，在我们的观察中，发现成都女性创业似乎没有局限，在科技行业、科技服务行业也大有人在，但女性创业者"众"是成都创业者的一个靓丽的特色。

成都这座城市为什么会有这么多的女性创业者呢？成都的女性创业又有哪些特点呢？我们认为：除了有成都女性独有的人文气质，还有成都男人及整个社会的包容，同时也因成都有完善的创新创业生态，使得成都女性创业在地域上既遍地开花又相对集中，在行业上也是各行各业均有，但在文创领域相对突出。

（二）耙耳朵们的包容心

如果说成都女性是川剧变脸大家，不用动手，仅仅通过"表情"变化就能够将男人收拾得服服帖帖，那是因为成都男人们都有一颗强大的包容之心。这或许可从地理上解释一番，四川盆地有两大景观——大山和平原，周边被大山环绕，中间是成都平原，成都男人们也许是继承了盆地地形的包容性，从川剧"吹灯"可以看出，在外面再"二杆子"的男人，回家都会心甘情愿地成为"耙耳朵"。"耙耳朵"是个奇怪的称呼，它兼形容词和名词于一身，其起源笔者一直没搞清楚，据说是起源于20世纪八九十年代的一种交通工具，也有的说是那种交通工具源自成都男人的温和惧内。部分成都男人乐于接受这个称呼，因为它代表自己尊重敬重爱戴老婆，但也有部分成都男人坚拒这个称呼，因为该词无法体现自己的阳刚。

但无论愿与不愿，这个词从没有跟其他城市的男人们分享过，坚强地留在了成都，盯紧了成都的男人们。但就是这种"海纳百川""包容万象"的"耙"使得成都能够成为一座兼容并包、不排外的城市，这里的人们对外地人不过多设防，很轻易地就能诚挚邀请认识不久的人加入现有的三朋四友群落。这种"耙"也使得成都人不甚强求完美，不太愿意加班加点工作，而是注重休闲，周末一到就呼朋唤友去轰轰趴、喝喝茶、爬爬山、跑跑马拉松。

不管咋样，这种相对的"耙"造就的如果是夫妇和谐与高度的生活幸福指数，何"耙"而不为呢？

二、成都女性创业生态

在创新创业浪潮席卷全国之际，成都开全国城市之先河，另辟蹊径，推出了建设"女性创新创业中国第一城"的目标。同时，还在2018年5月推出了《成都女性创业蓝皮书》，该蓝皮书之所以能成书，是因为这里不仅有女性创业气氛，而且已有了相对完善的女性创业生态，除了建有覆盖全市的创新创业"一站式"政务站点，成都妇联还认定了一批女性双创示范载体，使得在成都的女性创业者们，可以便捷高效地享受到创新创业服务。

多年前，成都就推出过专门针对蜀绣振兴的女性灵活创业就业计划。这里有专门针对女性的"巾帼云创"双创示范基地和"指尖的爱"生活馆；有多个女性创办的创业平台和重点服务女性创业的创业平台，使得女性创业者可以享受到便捷高效的创新创业服务，充分发挥女性细腻的风格，在文化创意、电子商务、旅游服务等行业形成了女性创业聚集。

成都的科创通，可以说是成都创业的"保姆"，巧合的是这个汇聚了全市260家双创载体，聚集771位双创导师，服务26 946家企业和团队，累计协助达成技术交易额1934亿元，在成都乃至全国都独具特色的创新创业服务平台，居然如此有"女人味"：直接服务于科创通的35人团队中，有21名是女性，占比高达60%。作为成都创新创业最有影响力的服

务平台，女性团队成员有如此之高的比例，是不是也可以部分解释为什么成都女性愿意创业了？

三、成都女性创业地域选择

成都女性创业有两大倾向性区域，一个是离家近、离网红购物区近的中心城区；另一个是环境优美、景色宜人的"竹西佳处"。

源自《成都女性创业蓝皮书》中的工商统计数据表明，成都的高薪高知人群聚集的金牛区、武侯区、成华区、高新区和青羊区等主城区，同时也是女性创业的高地，这几个中心城区由女性创办（含法人代表、自然人股东为女性）的各类市场主体分列成都 22 个区县前 5 位。青羊区的魁星楼街现在除了是美食圣地，同时也已经是条文创项目聚集的网红街，这里不仅有"冒椒火辣"的串串和"脾气大"的牛蛙，还有以啃手指的大熊猫为 Logo 的"明堂"创意文化综合体。在这个"明堂"文化创意社区里，除了有一个音乐剧演播厅，还有许多创意工作室，包括曾设计了成都草堂小学翠微校区、水立方和国家大剧院的王蔚女士也将其建筑设计工作室设在这里。明堂主楼一楼的香薰、木作和浓厚的文化底蕴气息，绝对能让路过或创业的女性们来了就不想走，不知这是不是明堂工作室创业者超过 50% 是女性的原因？

成都地处川西平原，但离城不远处就可见青城山、龙门山。环境优美、天蓝云清的长亭外与古道边，以前是枯藤、老树、昏鸦、小桥、流水与人家般的田园暮气，现在更多的是艺术村、众创空间和特色民宿的创业朝气。为了心中那份柔美情怀，这些地方尽管离城区有段距离，但也会成为女性创业的倾向地。锦江区的三圣乡历来是花团锦簇之地，带着对美的追求，这里诞生了著名的蓝顶艺术家群落，其中不乏董谨、郝明明等"80后"女艺术家，这些年这里的女性艺术家数量还有增长趋势；蒲江的明月村也是个风景秀丽、田园味道十足的地方，这里没有追求仿古村落的传统建筑，而是顺应自然，让你有机会聆听人与窑的无声对话，心与风的窃窃私语，原女主持人、艺术家宁远的染坊工作室就在这里。

无论处城市中心，抑或江湖之远，成都女性那颗创新创业的心始终不变：那就是在创业中鉴赏、追求心中的美。

四、成都女性创业行业

成都女性创业热情高，因而在各行各业都有女性创业，但由于70%的成都女性创业者有中文传播、工商管理、艺术设计等专业学术背景，因此在文创、文旅、农创与科创项目里有众多典型的成都女性创业故事。作为文创中心核心的创意产业已经成为新经济体系中最活跃、最具发展潜力的产业，创新创业则是个人进入创意产业的最有效途径。成都女性牢牢把握了这一市场脉动，成为创意产业里的一支重要力量，从而也使小众化的创意产业创业在成都成为一个大众化的创业领域。

第二节　文创创业者"让美城更美"

自李冰父子设计建造都江堰水利工程，使川西平原成为上天眷顾的天府之国后，成都宜居宜业、人民生活富足，天然地成了适合发展文化创意产业的城市，三星堆、蜀锦就是最好的见证。根据城市自身的自然和人文禀赋，近年来，成都打出了建设"西部文创中心"的旗号，明确而不遗余力地打造文创产业。

2017年，成都GDP达到13 859亿元，居民文化消费支出占消费支出的比重达到5.0%以上；预计到2020年，居民文化消费支出占消费支

出的比重达到 14.0% 以上；到 2022 年，居民文化消费支出占消费支出的比重将达到 20.0% 以上，这将是一个高速成长的接近年 3000 亿元消费规模的市场。对于文创创业者，这是个巨大的机遇，相信会有更多的有识之士投入成都文化产业去接受挑战，实现价值。

成都在发展文创上有强力的政策支撑和丰厚的文化底蕴，使得文创产业创业者不断涌现。

一、成都文创领域政策支撑

成都是将悠久的历史人文与现代创意实现碰撞与融合的典范。2017 年，成都发布了《成都市产业发展白皮书》，其中提到要将成都建设成为西部领先、全国一流、世界知名的文创中心城市。

国务院发展研究中心、腾讯研究院及标准排名城市研究院等国内智库机构的专家推出了全国首个新文创领域城市排行——《2018 中国城市新文创活力排行》，成都因在产业活力、人才活力、政策活动、传播活力等指标上的优秀表现，在 100 个城市样本中脱颖而出，赢得综合排名第一名。

是政策好使得成都的文创氛围如此突出吗？答案是肯定的，政策给了成都一片文创的厚土，成都市政府不仅系统地推出文创产业扶植政策，涵盖了产业引进、人才引进、办公用房补贴、基础设施建设、公共服务配套、创业项目扶植等各个方面，而且成都市政府已富有远见地构建着文创产业可持续发展所需的人文和产业生态。

从规划上看，成都正积极构建"新文创"产业核心区：东郊文化创意集聚区、红星路文化创意集聚区、人南文创集聚区、少城国际文创硅谷集聚区等，不断完善的生态将继续推动成都创意经济繁荣。成都的文创发展的聚焦方向是创意产业，重点发展音乐制作、影视动漫制作、数字游戏、数字娱乐、版权交易、新媒体等产业。聚焦创意设计，重点发展时尚设计、工艺美术设计、平面设计、动漫设计、展示设计等产业。聚焦创意体验，重点发展文博创意、田园文创、数字演艺、文化体验、生态观光、美食品鉴、农事体验、现代旅游等产业。

这些聚焦方向，加上不断推出的细分产业配套政策，相信在不久的将来，成都定能成为誉满天下的文化创意之城。

二、成都文创的文化支撑

除了政府政策，我们也在探寻成都独特的人文环境对成都创新创业状态和生态的影响，为此我们对成都创业者进行了访谈，在这些创业者者眼中，成都的文创环境是如下这样的。

（一）文艺的成都

在全部被调查者中，36.33%的人认为成都人生活追求文艺性较多，35.00%的人认为成都人对生活文艺性的追求程度一般，26.00%的人认为成都人绝对追求生活的文艺性，2.33%的人认为成都人追求生活的文艺性较少，0.33%的人认为成都人不追求生活的文艺性。进一步分析，相对于男性，女性受访者更倾向于认为成都人的生活追求文艺性。

（二）理想主义的成都

在全部被调查者中，46.33%的人认为成都人的理想主义一般，29.33%的人认为成都人的理想主义较多，16.33%的人认为成都人是绝对的理想主义者，8.00%的人认为成都人的理想主义较少。在这里，理想主义的你不会孤独！

（三）悠闲的成都

在全部被调查者中，52.00% 的人认为成都人的悠闲度较高，26.67% 的人认为成都人的悠闲度高，16.67% 的人认为成都人的悠闲度一般，3.00% 的人认为成都人的悠闲度较低，还有 1.67% 的人认为成都人的悠闲度低。这些悠闲的人中，会找到为你的创意悠然一笑的知音吗？

我们观察发现，成都社会关注文创的女性用户大幅领先男性，甚至有文创载体的经营者认为，成都文创产业从业者 70% ～ 80% 为女性，而每年 1 万多名的文创领域毕业生，将为文创产业发展源源不断地提供人力资源。大数据为最关注文创的成都社会人群画了一幅画像：她们主要是年龄在 24 ～ 30 岁的女性用户。居民不断增加的文创产业消费比重，正在迅速推动创意产业消费提档升级，发展个性消费、提升消费层次、优化消费环境，在利用创意助力新经济上成都还有巨大潜力可挖。成都是个创意产业的创业天堂，如果您设计文创产品，别忘了最关注它的人是 24 ～ 30 岁的成都女性。

三、"聚领风骚"的文创服务载体

为将成都发展为文创大都市，成都制定了"少城国际文创硅谷"计划，该计划在现有的宽窄巷子和魁星楼两个文创聚集区的基础上，拟将成都的少城地区打造成为具有国际水准的文创硅谷。另外，7322 军工厂、U37、西村、红星路 35 号这些地方，也是成都文创者实现创业情怀的聚集处。这些文创高地，部分是政府倾力打造，但更多却是在文创爱好者们个人的情怀带动下，聚集起来的。例如，位于青羊区东胜街 8 号的 WorKING 文创孵化器和位于奎星楼街的明堂创意工作区这两个文创产业从业者聚集地，其产生和发展就带有创始人鲜明的个性与特色。

（一）WorKING 文创孵化器

但虹女士，WorKING 文创孵化器负责人。作为一个川妹子，闯到北京做了 SOHO 中国的销售总监，年薪达百万元。突然有一天，她辞职去新加坡读 MBA，最终她辞去新加坡的地产行业工作，选择回成都创办一份属于自己的事业。创业选择对她而言，必须"是有价值和社会意义的事，是有趣和好玩的事，是和地产相关的事"！上海的 WeWork 联合办公模式吸引了她的目光，经过调研体验，她回到成都，毅然创办了联合办公机构——WorKING。

创业之路并不顺利，大半年的创业中，成都联合办公市场一片冰冷，必须要做出新的选择。2016 年春节后，经过深入的调研和思考，但虹认为文创孵化器是个空白领域，于是 WorKING 文创孵化器诞生了，这是成都第一家公开定位于文创产业的孵化器。这是一个不被看好的商业领域，文创行业的创业公司往往很小，而且难以得到资本融资，这个选择能够成功吗？

在这个艰难的过程中，没有先行者可供参考，但虹的 WorKING 与相关政府部门一起摸着石头过河，共同探索：如何针对文创创业公司制定特殊的孵化政策？如何针对文创初创项目得不到融资的困境，制定独特的孵化模式？创业载体如何在政府补贴之外，寻找自己的收益模式？最终经过所有参与者的努力探索，成都形成了独到而精准的文创创业扶植政策，使得成都文创产业开始集聚和快速发展。

商业探索的初步成功，使 WorKING 有了社会影响力，而企业创新的脚步没有停止，如今的但虹正在带领企业步入新领域，她联合 WorKING 及 13 位文创产业颇有建树的合伙人组成的 Wspace，组成文创产业发展平台，聚焦文创产业园、文创街区、特色文旅、特色小镇等，组成从文创产业规划、设计、开发到集群商业运营、创业孵化等全新的产业链

运营模式，这一新动向诠释着但虹对创业精神的理解——不断进取，不断创新！

（二）明堂青年文化创业中心

于侃，明堂负责人。一个温文尔雅的成都本土设计师，带着梦想和情怀，凭着不懈的努力和国际国内广泛的联系，通过 5 年的艰辛努力，硬生生地把一条古城老街变成了网红和文创聚集区。如今的奎星楼街，在明堂创意区和网红小吃店的交相辉映下，这里的设计师白天做创意设计、晚上现场感受来自世界顶级乐队的顶级天籁，完美地将"社区营造"一词注入了成都古城活化与更新的字典。艺术家、设计师和吃货们混杂在咖啡厅与街边小店，将生活与艺术完美地融合在一起。

在交流中，感觉到他最大的欣慰，就是经过多年的坚持，文创产业在成都，至少在奎星楼街成了赚钱的事。奎星楼 55 号，曾经一栋废弃的社区学校旧址，是他梦想开始的地方，2013 年，基于将此改造为成都的"798"的想法，于侃创办了明堂创意工作区，设立了木作工坊、画廊和创业咖啡馆，原来的一间间教室也被他改造成了文艺范儿的孵化空间。如今音乐、影像、设计、策划、动漫、画廊等 30 余家实体企业入驻明堂，参与合作小微文创团体及项目也达数百个。在我们访谈交流时，于侃还兴致勃勃地带我们参观了尚是工地的明堂二期，他认为文创最难的是得到融资，因为文创多为个人 IP 项目，大公司不会投，风投不敢投，虽然明堂一期取得了不错的成绩，汇聚了不少文创创业者，但他希望第二代明堂，能充分运用"科技＋文创"的功能设计，为文创项目融资搭建平台。也许从明堂二期开张的那天起，于侃和他的明堂，能利用如今他们在成都文创产业的信誉和地位，为众多默默无闻的小 IP 提供成长的空间和与资本结合的纽带，使得奎星楼街成长为新一代"798"。

四、成都文创创业者案例

成都文创的主要关注者是女性，主要从业者也是女性，甚至我们发现的这一领域的多位创业者也是女性，这或许是成都文创的一大特色。在这里，如开发了"天府熊猫"品牌的温雪倩女士，设计了多个"德门仁里"的刘效薇女士，合美食美女为一体的卤娘王红女士，她们的创业故事激励着每一个成都女性。

（一）温雪倩：发掘大熊猫文化

10 多年前，温雪倩因求学来到成都，她深深爱上了这座历史厚重而富有诗意的城市，这座城市的品性也雕琢了她雍容坚韧的气质。毕业后的温雪倩，毅然走上了并不被重视的文化行业，先后在香港文汇报、凤凰传媒任职。

2013 年，政府和社会都将文化贸易提高到了一个前所未有的高度，还在媒体工作的温雪倩很快觉察到这一点，为此她特意前往北京、上海等城市，实地调研和学习，收获颇丰的她在 2014 年投资打造了成都国际文化艺术中心，建立西部唯一专注文化艺术的艺术品保税仓，随后红美术馆也开始投入运营，温雪倩开启了自己文化事业的重要一步。

与很多创业者一样，温雪倩这一路磨难重重。对于一个女性来说，她承担了本不属于这个年龄的压力。项目难关，资金压力，团队离散……创业初期遇到的困境，温雪倩尽数经历。当然，艰难付出必有所获，以艺术品保税仓为载体，红美术馆策划组织了多场轰动一时的项目和展览，数以万计的民众受到文化感染和熏陶。凭借着出色的策划和运营能力，温雪倩和成都国际文化艺术中心，也逐渐开始在行业内崭露头角，文化贸易让企业实现了早期积累。

打响名声之后，温雪倩又开始思索更广阔的前景。2016年，"文创"这个词汇开始走进人们的视野，也为文化行业注入了一股新的潮流。温雪倩意识到"文化创意"必定是文化行业的未来和生命力，提出从成都及四川特有的文化符号入手，"挖掘和发扬本地文化是本土企业的优势，也是企业应当做的事"。这是她做文化的初心，也是事业的发展方向。因此，熊猫这个最为世界所熟知的四川文化元素正式加入成都国际文化艺术中心的"大家庭"。温雪倩带领团队建立了文创品牌"天府熊猫"，深度挖掘和开发熊猫文化。这几年，天府熊猫旗下品牌Heart Panda，先后在全世界20多个国家和地区展示推广和交流，向世界分享熊猫文化和中国文化。

就在文创开发进行得如火如荼之时，温雪倩又做出了一个大胆的决定，以文创为基础，拓展到公共空间文化建设中去。在她的观念里，文创应当更加自然而然地融入大众的生活中。"构建公共文化空间，营造美好生活体验。"带着这样的初衷，公共文化空间打造成了成都国际文化艺术中心一个重要板块。

一路走来，温雪倩的创业之路漫长但坚定，过程平常而不平凡。面对抉择，她总能坚持初心；面对改变，亦能看清形势与时俱进。她时常说，我们这个时代对于创业者来说是最美好的时代，对于未来，她秉持初衷，充满信心。

（二）刘效薇：空间设计师

在成都文化地标项目宽窄巷子里，有两个特色十足的精品酒店"德门仁里"和"佳城少府"，很少有人知道，这两个或许是宽窄巷子最具魅力酒店的设计师是同一个人——刘效薇女士，她毕业于中央工艺美术学院（现清华大学美术学院），2010年创办"薇观饰界室内设计工作室"，此前她曾做过餐饮业，店里的每把椅子，每个摆件都由其自己亲自设计或挑选，使其既唯美又符合人体工程学，所以在她成立工作室后，获得文旅集团充分信任，将宽窄巷子的"德门仁里"精品酒店的设计和监理全权委托给她。一个只有10个房间的精品客栈，她却花了大半年没日没夜地去打磨，设计、采购、安装和摆放每一个细节都亲力亲为。精雕细琢的宽窄巷子"德门仁里"项目，一经推出就赢得了江湖地位，获"2013主题酒店试睡榜"之最悠然独享客栈奖，并多次被评为中国最佳精品酒店。就此奠定了刘效薇女士作为成都民宿设计大师的地位。其后，薇观饰界工作室承接了安仁德门仁里、五凤溪德门仁里，一店一风格，以"成都节奏"的生活方式为基调，结合当地民俗文化，使得"德门仁里"获得2018年第十八届中国饭店金马奖之"中国最具投资价值酒店品牌"。

（三）王红：网红品牌

王红女士，"80后"，人称"卤娘"，微卤品牌创始人，2014年卤娘创立微卤，卤娘利用直达号、淘宝、线下店、微商等线上线下结合的方式进行销售，依靠互联网的手段颠覆传统的卤菜行业，立志把"美食、美女、美景"四川文化发扬光大，月度营业额增长率一直保持在40%～50%。2016年启动微卤梦想合伙人计划，直接带动200名女性创业，打造"卤娘和她的卤妹们"IP团队，利用文化创意包装品牌，挖掘粉丝经济，被网友誉为"全球颜值最高的卤菜店"，2016年完成3000万元营业额，受到原国家副主席李源潮的亲切接见。

第三节　高学历创业者"来了就不想走"

成都创业者除了有"女性众多"这个特色，也不乏博士、硕士，他们

有的在科创，有的在文创，也有的在农创领域打下了一片自己的天地。我们面对面采访了通甲优博的创始人徐一丹博士、瀚辰光翼科技张晗博士、从事科技载体服务的夏春芬女士，电话采访了颜焰女士带领的美奢锐硕博士团队，同时也通过媒体资料整理挖掘了从事农创的段丽丽博士的创业故事。

一、徐一丹博士——通甲优博创始人

徐一丹博士，毕业于国防科技大学，有15年部队生涯，少校，通甲优博创始人。这怎么看都像一个典型的以色列企业家的经历，但通甲优博是一家成都高科技公司，徐一丹博士也是个典型的四川人。如同以色列科技公司那些有军旅经历的同行，徐一丹博士是个有企业家精神的人，在国防科技大学读博士期间，曾休学开公司做铁路项目；毕业后分到二炮装备订货部，虽然国防采购部门工作安逸且受人尊重，在经历"这辈子再不出来做一把，以后就没这个激情了，应该出来试一把"的踌躇之后，他毅然于2015年2月拉上军校的4个师兄弟，脱掉军装，成立了成都通甲优博科技有限责任公司，在虚拟试穿戴与购物辅助、无人机视觉、智慧城市与物联网领域，为客户提供系统解决方案。公司初创的第一个产品是手机端AR配件，客户为大型眼镜电商。在公司发展到十几个人时，为了让大家都赚钱，就需要通过大胆变革增加新品，但他主张一步步转型，分析趋势，结合自身特点，选择领域，梳理清楚利益链，慢慢调研。在调研发现无人机是个快速增长的市场后，他和团队开发了无人机视觉跟踪装置，目前除大疆外，国内其他无人机企业基本都在采用通甲优博的产品。我们采访时他说，他的团队已有30余人，收入近千万元。

徐博士认为小微创业公司很难引领趋势，应从服务入手，做好服务，做好自己的角色；因此他的公司在前期刚投入 20 万元时，就开始盈利，其第一款产品两年半就有了 400 万元的收入。徐博士认为初创期，创业公司应单核运作，所以创始人也应该是最辛苦的那个人，不是最辛苦的人就是有问题的，这样才能带着团队克服一切困难。徐博士认为，不能轻易失败，在可控时不能太过冒险。他还认为与大公司做一样的产品或服务是好事也是坏事，趋势是正确的，方向不一定对。

徐博士对成都创业孵化服务机构的印象深刻，认为政府红利不只是钱，更多的是教你怎么做。2015 年以前成都创投机构基本是空白，2015年后创业服务机构开始以"蓉漂""菁蓉汇"等组织融资路演。他认为成都当地政府孵化服务辅导很到位，包括如何制作 PPT、怎样宣讲（训练）。通甲优博公司在准备融资 PPT 时，政府的创业辅导机构为项目配备了创业导师系统训练，彩排，控制时间，一点点梳理，并帮助改了十几稿PPT，经过 6 场路演后，通甲优博拿到了一些投资意向，之后开始接触，最后获得手机行业一家港股上市公司的天使投资。通甲优博已获得种子轮和天使轮融资，在采访时，正准备做 A 轮融资。对于如何与资本打交道，徐博士也给出了建议，首先他认为做公司不能完全依靠融资，融资是为了加速发展。融资的合作伙伴倾向于带行业资源产业资本和有品牌背书效应的一线财务资本。小资本不能接受创业失败，也看不清方向，二三线资本进入对公司未来融资及估值有影响，尽量融有资源的资本。跟资本打交道心态要平和，要以朋友处。

徐博士认为在成都创业感觉最好的是这个城市的包容性，所有外地人都觉得成都这一点特别好，不排外，很自然地融在一起。但成都安逸的文化氛围对创业的影响有其阶段性，现阶段成都文化对公司稍有影响，员工价值观与北上广有一定差距，生活成本低，压力小，对工作投入程度有差异，这是让人困扰的地方。总体来说，徐博士觉得成都创业

政策好，场地、人才引进政策等落得很实。以前的成都是一个很安逸的休闲城市，通过政府这几年的打造，现在成都的创新创业氛围也已经带起来了，普通老百姓也能接触创业资源。

在公司内部管理方面，尤其是人事方面，徐博士认为成都有一定的优势，各类人才在成都生活的成本比北上广深低 40% 左右。但是，四川市场活力不够，80% 的专家在高校和院所，很少出来，使得成都的高科技公司常遇到人才瓶颈，高端人才缺失。因此他主张，如果公司员工拿出一线公司的拼搏精神，也能拿到真金白银，让大家过得体面，少谈情怀，让员工感觉到公司是在往前走最重要。创始人应尽自己所能把员工待遇搞好，高层给中层服务，中层给普通员工服务。主张校园招聘的薪酬要给够，社会招聘要讲工资＋期权＋个人提升。成都稳定性好，机会少，同样的公司也不多，在成都敢培养，愿意花钱。但如果在北上广深等人员流动大的地方，则倾向于招聘熟手。勒紧裤腰带把员工的工资发高，福利给够，大家安心。在设置股东权益时，可与股东签协议投票将搞小团体的股东投出，坚持单核机制，在管理上要清晰明白、淡化感情，企业才能往前面走。尽量多招聘外地员工，去本地化。虽然是小公司，但立意也要远，从公司文化让大家看到公司是国际市场，文化立意能让人摆脱周边环境，不会只追求安逸。可以模仿国外创业公司做法，建立项目流程管理，让员工觉得这家公司是不一样的，有不一样的想法。

徐博士希望与大家分享的创业经验是要牢记 6 个字：战略、团队、执行。企业创始人要将大部分的时间花在战略定位上，选战略的时候各方面要考虑的因素太多，战略决策失误公司损失很大，但一旦决定了，定位清晰了，就要迅速落实。战略、团队、执行任何一方面不到位都影响公司的发展，但这也是创业最有意思的事情，这种状态让你觉得一直在成长、进步。

二、张晗博士——瀚辰光翼科技

张晗博士毕业于中国科学技术大学，毕业后一直从事生物医药有关研究，有国外企业技术负责人经历。2016年，与原同事、同学组成团队，在成都高新区创办成都瀚辰光翼科技有限责任公司（以下简称"瀚辰光翼"），以"智造中国基因检测平台，服务中国基因检测事业，跻身全球基因检测市场"为企业使命。公司组建了一支由"千人计划"专家、海归博士组成的研发团队，现团队有近20人，且以四川人居多。

张博士认为，初创企业对资金的需求较高，政府对他们这样的高科技公司也有资助，但不能依赖政府的资金，因为政府补助资金到位周期长。通过"菁蓉汇"，获得大量资本的关注，2017年瀚辰光翼获得允治资本数百万元天使轮投资，目前已完成数千万元A轮融资，投资方为复星集团和博远资本。

张博士认为其创业首选成都的最核心因素是家在成都，人脉基本在成都，当时国内另一城市承诺给予其高达千万的各种补助，但还是因为生活不习惯，最终决定回成都创业。经过比较后也发现成都的创业支持政策很好，虽然成都文化安逸，节奏比北上广深慢，员工或许拼搏精神不足，但是创业成本低，综合考虑成都很划算。成都生活舒适，但对张博士的创业团队没有太大负面影响，主要是公司实行责任目标制度，每周有清晰的工作目标，不强制加班。而且对员工开放了股权期权奖励，员工的兴趣极高，工作积极性也高，这就较好地协调了环境舒适与努力拼搏的矛盾。

张博士认为成都将来还会有一个意想不到的人才优势，那就是当前市民及成都学校学生出国留学比例较高，而且由于生活舒适，留学生回国的想法强烈，这将为成都提供大量的国际化人才。

对于其所在的大健康产业及分子诊断产业，由于成都缺少产业的领军企业，而且没有专门的医药设备产业园，这一方面是个遗憾，另一方面也让瀚辰光翼拥有了一些得天独厚的优势，也许有一天，在团队、政府和资本的支持与努力下，快速占据广阔的市场，张博士的企业也会成长为行业的独角兽。

三、段丽丽博士——金满堂农业

科技创业的主体是高知人群，一些掌握了技术的女硕士、女博士们勇敢地走出了大学和科研单位，以创业实现自己的人生价值。

当年某生猪饲料的广告是"吃一斤长一斤"，农民甚至市民看到的是神奇，迅速加入养猪户行列，于是带动四川成为养猪大省，但实际上从今天的科学水平来看，我们当年是把激素当宝来给猪和人吃了。农业不用科技去武装，农户不用科学去指导，懂科技的人不下农村，不光是造成农村比城市穷和农民可支配收入比市民低，同时也在威胁着市民餐桌和身体的健康。

2017年5月的成都商报讲述了一个女博士的创业故事，四川农业大学毕业的段丽丽博士，因为认为"农业生产最需要技术的投入，农民也最需要现代技术的普及"，所以创办了成都金满堂农业开发有限公司，致力于"工厂化育苗"，摒弃传统的人工育苗，变为机械化、全自动的生产线育苗，可以降低农民育苗的金钱成本和缩短时间成本。农民们以村为单位，只要到段博士的公司预订"育苗"，就可免去自己传统育苗的过程，还可以利用闲暇时间去务工，待苗成熟后，再回乡务农。金堂县官仓镇叶家店村的村主任率先在自己的田里试验工厂化育苗。结果，试验的几亩地花菜不仅比其他村民家的收成早了10多天，而且每亩产量也多了300千克。农户是最容易接受示范效应的群体，叶家店村等其他村迅速接受了"工厂化育苗"这项新技术，使得段博士成了远近闻名的农业创客，当选了省党代表，不仅实现了自我人生价值，而且在 5 年内带动了数万农民富起来。

在农村长期生活过的人都知道，越是集约化程度低的地方，农药、化肥的用量越可能过量，因为没有科学的指导，散户村民常常根据道听途说及病虫害危害程度超量超时使用农药，并非我国的农户没有是非观，而是他们通常不清楚是非的标准，而同时却有高产的压力。段博士和她的团队每年都会走进全四川各地乡村，在给农民做免费的栽培技术培训时，发现了这一危害中国农产品安全的问题。食品安全的重要性及农产品质量监督的必要性，仅仅依靠政府是不能完全解决的，得有市场化的机制来帮助政府和农民做好食品安全风控，因此她又组建了一家食品安全检测机构，专门进行农产品、食品等质量检测。

农业生产集约化，农副产品等食品安全这是两个农创的风口，段博士都抓住了，相信她和她的团队能给农民带来更高的收入，给市民带来更安全的食品。

四、科技创业团队

2012 年创立的成都美奢锐新材料有限公司是团队创业的典型案例，我们电话采访了该公司总经理颜焰女士。她不是科技研发人员出身，而是四川大学的 EMBA，但她认为自己作为贵州遵义"三线建设"工厂子弟，对先进制造业有天然的亲切感。为了追求在人生的黄金期有一段不一样的经历，在 35 岁时，她与包含 3 位博士在内的"七剑客"团队开始了高端制造创业。当问及她和团队为什么选择在成都创业时，她给出了 3 个非常充足的理由。首先由于相对钨、钴等普通金属陶瓷原料的稀缺性，国际上技术领先的京瓷等公司已采用二氧化钛来制备金属陶瓷，而

四川攀枝花的钛有近 7 亿吨的储量，占全国的 93%，全球的 28.57%。因此颜焰及其团队决定将公司设在成都，可靠近原材料供应地。其次，在成都创业，由于环境舒适、生活安逸，且有制造业产业集群，氛围好，能让团队不浮不躁，可静下心来用工匠精神耐心打磨产品，很适合他们这种对产品精度要求很高的高端制造。最后，成都政府非常支持有技术含量的创新型企业，政府部门的人也好打交道，在创业过程中能感觉到政府的关心。

颜焰团队创业的初衷在于发现了市场商机，2011 年的日本大地震，使得日本京瓷等公司的金属陶瓷刀具停产，全中国均出现了此类产品的采购困难，颜焰及其在前一份工作中遇到的研发团队看到了这一商机，决定在此领域创业。2012 年成都美奢锐新材料有限公司（以下简称"美奢锐"）成立以后，花了近一年时间与厂家共同研制专用生产设备，在产品有了一定销路后，2016 年购买土地，2017 年建厂，2018 年工厂量产并拿到了 5000 万元的 A 轮融资。在整个创业过程中，不仅 7 人创始团队没有流失，公司员工数也达到了 100 人。当与欧洲和日本同行交流时，她发现自己有个很值得骄傲而且能使自己对未来更有信心的事，那就是她有全世界同行都羡慕的团队，因为美奢锐全体员工的平均年龄仅有 28 岁，是全球同行中最年轻的团队，在美奢锐，挑大梁的技术骨干是仅入行 3 年的 25 ~ 26 岁青年人，而国际同行由于难以招聘到年轻人进入制造业，通常是入行 30 年的老技术工人在当骨干。作为一家有多项发明专利的高科技企业，美奢锐还有一个强大的研发团队，其 R&D 投入金额占公司营业额的 18% ~ 20%。另外，美奢锐的营销团队的成长也是显而易见的，由于一诞生就是对标全世界顶级公司的产品，所以在与世界一流公司 PK 过程中，公司团队得到了很大成长，除了在龙泉设立生产厂，还在成都高新区金融城设立了外贸部，美奢锐凭借其锐意进取的年轻团队和高性价比的产品，很快打开了德国、意大利、巴西和东南亚等地的国际市场，外贸出口已接近公司产量的 10%。

访谈中，颜焰认为成都创业环境中，最薄弱的一环是金融，美奢锐属于幸运拿到天使轮融资的企业，但融资谈判也花了一年多，最终是湖南的一家国有创投机构公司看中其团队，对其进行了战略投资。但由于是小微企业，无法得到银行贷款。

五、科创载体创业

成都女性创业活跃，与孵化器、众创空间等双创载体的活跃密不可分，同时一些由女性创办的双创载体，也都在有意无意地释放女性创业的利好消息和特别扶助措施，使得成都女性双创生态也比较有特色。即便对整个成都创新创业生态而言，由女性创办或联合创办的双创载体也发挥着不小的作用。

夏春芬女士，作为一位山东妹子，是一个对成都"来了就不想走"的典型，在川大研究生毕业后，回山东老家当了很短一段时间的公务员，又辞职回到成都。自 1998 年进川大算起，她已居蓉 20 年，这使她不仅成了会讲川普、能吃辣椒的"四川人"，而且成了周末爬山喝茶的"成都人"。作为一个富有企业家精神或者说爱折腾的人，她在大学期间就开始做体验式培训，这为她后来"误打误撞"创办"智汇青年创业孵化园"打下了基础。从不懂孵化器，连如何申请载体运营补贴都不知道，到四处被聘为创业导师，这中间的努力和艰辛或许只有她自己最清楚。通过多年的努力，智汇青年创业孵化园，从一个点扩展到多处，从单一培训孵化，做成了众创空间—孵化器—加速器的一条龙双创孵化链。如颂爱、草莓南瓜、方米科技、等蜂来等一批知名企业也被陆续孵化出来。

成都

中国城市双创观察

第五章
成都创业企业观察

　　创业，一场勇敢者的游戏。对于创业者来说，无论目前是成功还是失败，他们永远都在奋斗的路上。成都，这座外人看来休闲安逸的城市，一群奋发向上、勇于创新、大胆探索的创业者，正在义无反顾地拼搏着、奋斗着，在成都肥沃的创新创业土壤中，深深扎根，经过千辛万苦的孕育和风雨磨砺，最终绽放出一朵朵绚丽的企业金花。

第一节　迅猛发展的互联网医疗独角兽 [①]

2014 年 6 月的一天，27 岁的哈佛访问学者王仕锐（图 5-1）前往成都准备参加博士毕业论文答辩，在飞机上，他花了 3 个小时做成了一份商业计划书，回到成都后，发给了 11 位天使投资人。其中，有 7 位看中了他的想法并发出 offer，拿到投资后，王仕锐成立了成都医云科技有限公司（以下简称"医云科技"）。

图5-1　医云科技创始人王仕锐

创业之初的辛苦是刻骨铭心的。王仕锐记得，最初办公室处于天府软件园 D 区负一楼，就只有一张桌子和他这个"1 号员工"，那时候招人都成问题。公司的"2 号员工"张欣甚至是被他"骗"来的。据张欣回忆说，去面试时，只是觉得公司不大，只有 4 个人。后来决定留下来才知道，除

---

① 部分内容摘自《华西都市报》。

了老板，另外 3 个人都是从隔壁的创业公司"借"来的。不过，随着企业渐渐走向正轨，当年被临时借来的员工，真的留下来成了正式员工。

王仕锐坦言，创业之初最难的是没有医生渠道，找不到医生。最初开拓市场时，全国各大省市都设立了办事处，挨个去医院拜访医生，就是俗称的"扫楼"。2014 年公司刚成立时，公司业务主要是依靠搭建一个为医生提供执业、学术、社交的平台，而聚拢医生主要就采用"扫楼"这种方式。随着聚集的医生越来越多，王仕锐也在渐渐开始摸索公司的盈利模式，开始尝试与医生达成签约关系的模式，类似经纪人与艺人。在王仕锐的规划中，签约医生就是按照艺人的方式在打理，会指派专门的经纪人，帮助安排其每一个月的工作，多点执业，在线的学术交流等，帮助医生体面地增加阳光化的收入。

靠着对医疗行业敏锐的判断，王仕锐认为只依靠聚集的医生资源，为医生提供出转诊业务不足以支撑公司继续发展。经过一段时间的思索，结合中国医疗行业状况，国家推行的医疗政策，王仕锐想出了"一个平台，三个连接"的商业模式，即以医生平台为基础，连接药械厂商、医疗机构、商业保险 3 个端口。该战略，经受住了市场的考验，也为医云科技接下来的发展打下了坚实的基础。

2017 年，互联网医疗行业迎来了寒冬，大批互联网医疗企业因为融资的缺失，倒在了黎明到来之前。医云科技凭借创新性的"一个平台，三个连接"商业模式，艰难地存活了下来。同年 12 月，医云科技在最恰当的时机毫不犹豫地接入了中电数据这个合作伙伴，不仅引入了资本，也引入了医疗大数据的核心资源，至此医云科技也开启了医疗大数据的新篇章。现在的医云科技是中国领先的医疗解决方案提供商，以医生平台作为基础，医疗大数据与人工智能等核心资源与技术作为驱动力，医云科技正在不断完善以智慧互联网医院解决方案为重心的全产业链条，

业务布局也逐步渗透到政府机构、医疗机构、药械厂商、保险公司等大健康产业链上下游环节，加速实现打通、融合、赋能的价值。

2018 年以来，医云科技的发展不断受到各级政府领导的重视，四川省委常委、成都市委书记范锐平，成都市市长罗强，成都市人民政府秘书长周先毅，成都市人民政府副秘书长廖成珍，高新区党工委书记方存好，成都市科技局局长卢铁城，成都市政协科技界别政协委员等领导先后到访公司进行实地调研，对公司给予了指导性的建议，并且在政府政策方面给予公司大力支持，为公司制定"一企一策"，推动公司项目落地，促进公司的发展。

2018 年，位于成都高新区天府软件园内的成都医云科技有限公司已成为西南最大、全国前五的互联网医疗独角兽企业。创始人王仕锐博士入选福布斯亚洲"30 位 30 岁以下创业者"榜单、财富中文版"中国 40 位 40 岁以下的商界精英"榜单、科技部"2017 年科技创新创业人才"等荣誉。公司也先后获得了全球青年创业者大会"2016 新锐创业公司""2016 德勤 – 华兴中国明日之星""2016 全球移动互联网卓越成就奖""年度最佳互联网健康医疗平台""2017 生命健康产业独角兽企业""2017 中国医药产业助力创新 10 强""2017 年度创新企业""2018 年度成都市新经济百家重点培育企业"等荣誉，也是四川省选报国家发展改革委的第一批共享经济示范平台 3 家之一。

目前，医云科技实名认证注册的在职医生已经超过 50 万人，签约医生数达到了 2 万人，三甲医院医生超过 24 万人，覆盖全国 34 个省份，专业病例分享超过 13 万人，出转诊订单超 18 万单，在线问诊订单超 40 万单。今年获得中投中财领投，红杉资本中国基金、中电健康产业基金、华兴新经济基金等国内外知名私募基金跟投的 10 亿元 D 轮融资后，医云科技融资后估值已达到独角兽企业标准。

第二节　天府新谷：创业老兵的孵化新篇

　　成都新谷投资集团有限公司投资建设运营的天府新谷（图5-2）位于成都高新区核心腹地，2005年被科技部认定为中国第一家民营国家级科技企业孵化器。

图5-2　天府新谷

　　天府新谷专注科技孵化事业20余年，以"载体建设、孵化运营、金融服务"三大功能相互促进，按照"众创空间＋创业苗圃＋孵化器＋加速器"孵化全产业链培育孵化科技企业。目前，天府新谷长期培育并活跃着初创型、成长型科技企业及与创业相配套的企业近1000家，在37万平方米的孵化载体上，聚集了创业人逾15 000人，年产值近50亿元，已形成集工作、生活、创新创业为一体的创业生态圈。

　　接下来，用一段对天府新谷王明新董事长的访谈来了解这位"创业者背后的创业者"之创业历程。

记者： 想请王总来介绍一下您自己，从您当英语老师开始，创办校办企业一直到进入孵化器行业，第一次听见孵化器是什么时候？您怎么想到由校办产业向孵化器这条路上走？这个估计您也有一个认识的过程，然后您一步步做大。应该是民营孵化器里第一个吃螃蟹的人。

王总： 对。国家级的。这是第一个。

记者： 所以说很想听您回顾一下当年创建天府新谷那段经历。

王总： 好。我是成都天府新谷的董事长也是创始人王明新，其实现在讲双创，讲孵化，几乎年轻人和我们身边接触的人都知道，但是作为天府新谷来讲，它的起源就比较早，我们可以追溯到 1994 年。

当时，创新创业并不如当下这样知之者众多，那时候，我们探索做技术成果转移，很多人会问，为什么要选择这个行业？其实，从事这个领域之初，也是一种"无心插柳"的自然形成。我大学的专业是英语教育，在随后从事教育工作的领域里，开始涉及一些学校的技术、产业转化、校办工厂之类的阅历，也是从那个时候，开始从单一的教学，渐渐涉及一些高校的成果转化与产业化。

当时，做成果转化很难，搞科研的和搞市场的是两种逻辑，师生们研发的成果从教室、实验室搬出来，要走上生产线，很多在初试阶段就遇到问题，即便走上量产，要市场化的难度也很大，存在场地问题、资金问题、市场问题等，所以从这个时候来讲，可能当时有从事教育的情怀，也有办校办产业的这种顺承的延续性，我们就在思考，是否有一个专业的地方，它能形成对科技成果转移转化的聚集，让这些成果和要扩大规模的企业能够到这个地方来转化。

当时，做产业园区、孵化器的并不多，多少有些"无人区、看不清"的意思。但可能就是对从事这个领域的一种方向感和直觉吧，我认为这件事一定得由专业的人来做专业的事，渐渐开始探索做孵化器创业园区。

今天的天府新谷，其前身是四川省校办科技产业园区。这样一开始就接触新的产品、新的技术和新领域的人来做这个转型。在这个转型当中机制体制也比较灵活。在 1994 年的时候，我们周围全部是一片农田，就搭了一个牛毛粘的棚，这些简陋的设施集聚在一起是有些"吃螃蟹"的意思，在这片土地上当时就能创造每年两千万元的利税，要知道当时这片区域还仅仅是一个乡镇，名叫"石羊场"，而在当时，这里就聚集了1000 多人。

所以这样一路走来，成为"国家级"，我们也和园区的创业者们一样，都是一个创业的过程。从开始摸索到渐渐了解到孵化器建设的一些规律性的要素，我们开始探索如何把这个"器"引向专业化、体系化方式建设。那时还处于改革开放初期，中国西部城市起步比沿海城市要滞后一些，我们就到北上广深去"取经"，再根据自身情况研判、规划。在这个过程中，我们了解到科技部火炬中心推动民营科技企业孵化器认定的工作。我记得条件里有孵化器建设需满足 3 年的时间，要有 8000 平方米以上场地，要有入孵企业、毕业企业等许多标准化条件，我意识到，科技创新与孵化器建设，的确是一个未来的方向了。因为基于我的理解，创新这件事它是感性和理性的，不一定是顺位的，许多东西是感性在前面，后来才产生理性。很快我和我的团队就商量正式启动"国家级"评审工作，向怎样达到在孵企业数量、怎样能满足孵化器载体面积等目标前进。

2005 年，我记得当时是 10 月，正值秋季，我们一行人赶赴北京，前往科技部火炬中心"迎考"，当时的内心确实是很激动的。当天，为了把握好时间，我们连步行前往火炬中心的距离都来回"演练"了才放心。

当天"考官"们来自全国各地，问题很犀利，我记得有一个问题就直指重心：你民营企业做孵化器，你的盈利怎么来，如何可持续？这些

问题也是我们必须直面的问题，在现场我们做了很多的测算和方案，整个过程下来，与专家们的交流之中，我感觉"可能有戏"。不过也共勉我们的团队，再不济明年从头再来，认定这件事就坚持下去。结果，我们"一次通关"。

孵化器成立30周年的全国活动在成都举行，我拿出了一个10多年前的"老物件"——一个摩托罗拉的翻盖手机，这是我当时获悉天府新谷顺利通过评审时的手机，到现在一直留着。

获得"国家级"是一种认可，对我和我的团队来说是一种激励，让我们更坚定了专注这个方向一直走下去，同时，也让我们更深层次地思考，我们要怎样做好科技孵化这件事。同时，这也是一个圈子，同行们的交流多了、接触多了，就有了孵化器这个组织的架构，所以才有我们一直在讲天下孵化是一家的说法。你说我们做的行业是单纯追逐GDP，当然不是，但孵化创新、孕育创新这件事，必须得有人去做，而且做这件事也是一门实践科学，一门"综合科学"。现在，创新创业从"小众"到"大众"，我们前往全国各地，几乎每座城市都有创新中心、孵化器，都有同行的朋友，一走20多年，没有一天停过脚步，就这样，一路走过来了。

记者： 创业永远在路上。

王总： 是的。做孵化器每天都和创业者打交道，和创业的成功与失败打交道，而我们做科技孵化事业的本身，也是一种创业。这条路上得与失、成与败、苦与甜五味杂陈。曾经一次全国孵化器的团队聚在一起开会，唱起《在路上》，一大帮人红了眼眶，一路走来的人都会从歌词里找到怀着初心前行的自己。

记者： 近年来，天府新谷开始探索走国际化道路？

王总： 没错。国际化是经济全球化的当下孵化器要探索的一个方向，而孵化器的链条不断在拉长，所以我们现在讲它是"生态"。

你看从孵化器、加速器，反推过去是创业苗圃，再向前发展是产业园区，最后又是什么呢？它就应该是一种生态、一种平台，是人才和技术的链接。天府新谷是一个老牌孵化器，做这行已经20多年，如何做一个具有时代感的孵化器，如何在创新的时代自己不落后，还能够走得更好？我们开始了科技企业孵化器国际化之路的探索。

同时，考虑国际化这个命题也是一种必然为之的选择。做科技孵化这个产业链，从市场化的角度来讲，就是要把技术"融"得更深、市场"拓"得更广，它产生出来的创新价值和企业获益程度就更好。所以，在深入的研判下，我们开始大胆尝试转型，一是做强生态，从以往的单一孵化企业，到复合型孵化企业、孵化孵化器，再到聚集科技金融、市场要素孵化创业生态，我们搭建交流、交往、交易平台，聚集资源要素，探索"新基金"，与金融机构合作探索孵化通、成长通、置业通等科技金融产品。置业通科技孵化更加成功，让企业更早地得到最需要的血液。其实当它进行融资的时候已经资本化了。

然后就是"新视野"，核心就是市场化、国际化。我是一个"老成都"，对我而言，还真没有感觉在成都会比北上广显得资源信息滞后，其实我经常讲"落后就是生产力"，落后就是你开发强度还没那么大，能量就还在。还有现在互联网工具，金融资本也是逐利的，人才交通的便利化，它都促成了我们现在的优势。所以我们做国际化的时候就直接和北京、上海联合，成立CUBIC，抱团走出去了。

记者：在美国，创业盖碗茶"卖"得怎么样？

王总：还不错。茶是免费的，项目是收钱的。

记者：我想问的就是那边的经营情况。

王总：活跃度非常高。这几年的探索，在我看来归为一句话——"一

进一出一转移"。"一进"就是引进来、走出去实行双边的转移。我们2016年引进了欧洲排名第一的创业加速器SBC，搭建"国际管道"，吸引优质项目来中国落地发展，我们瞄准的数字健康，这个市场很大，报名项目很活跃，机构也很关注。

记者： 具体合作模式是怎样的？

王总： 股权合作，五五分成，全国发展，20个城市。他们负责加速器业务和国际板块，我们负责国内创新资源要素整合与平台建设。

"走出去"就是建队伍、扎班子、找基地。这是一次市场化程度很高的探索，在整合全球技术、信息、市场的创新平台下，实现资源要素的自由流动，而"流动"的过程，则是我们孵化、产业化的过程。目前，国内多个国家级高新区、产业园区已与CUBIC形成合作。

国内政府、机构探索国际化合作，很多时候国外单次投资成本太大，出一次国，最多两周时间，走马观花较难深入。我们就是一个桥梁，国际化合作出去干什么、要见谁、为了什么，我们前期就已在高校、企业里进行大数据筛选配置，你来了直接就谈干货，所以这样成功率好，效益也高。同时，CUBIC自身也是一个科技孵化器，有孵化功能、投资功能，让国外好的技术成果与国内市场形成对接转化，从而形成一个吸引全球资源要素聚集联动的圈子，这个探索我们简而言之为"一进一出一转移"。

记者： 现在假如说有一个中国企业想进军欧美市场的话，找到您您能帮它做什么？

王总： 能帮助它起码做51%的事情。就是讲你要去这个城市或者这个国家，你要做什么事情，起码可以帮你扫平基础条件、基本障碍、基本人员，这3个基本没有问题了。所以我称它51%，能有控制性了，剩下的要互动。

记者： 在咱们天府新谷里面您觉得您最成功的作品是什么？

王总：最成功的作品就是我们的团队经常会说，某一个企业在我们这做好了就出去了，你看人家现在估值都多少了，又做多大了。我昨天还在跟他们聊，我说你看见的是出去了，你没有看见又进来了多少。2011年我们自己掏钱，花300万元办了全国海选项目的"天府新谷杯"大赛，选种育苗。当时获得一等奖的就是Camera360，当时移动互联网刚刚有起步的端倪，Camera360获得了创业资金，也很快地得到机构关注，现在发展得很好，我们也为企业高兴。

我最大的感受，我认为我现在上班比以前更"勤奋"了，一醒了就想去园区，为什么？看着那么多的人特别是年轻的面孔，我真觉得它像一所创业的大学，加上我又是从事教育的，所以我现在认为，天府新谷事实上它已经是个创业大学。

你看我在欧洲、在美国看到那么多创新创业学院和大学，我认为天府新谷作为大学初长成的条件基本具备了。你看从会计事务所、律师事务所、银行、中小企业服务中心、税务局到生活上的星巴克、711、肯德基、中餐、火锅等80多家配套的商家，我们说它生态，一个就是生活生态，另外一个就是生意的生态。我们去年在制定目标的时候就讲，我们当初的口号是开着两轮车进去，就是"两个轮子进来，四个轮子出去"，那就直观地证明企业做成了，创业成功了。

记者：骑着自行车进来，开着小车出去。

王总：对。以前说是"两个轮子进来四个轮子出去"。但是现在呢，是带着一个idea进来，然后拥有股权、估值和市场的成功腾飞。它都不是出和进的关系了，而是它能垂直成长。以中国正在转型进入到创新时代，传统经济转型过程当中创新必然是最重要的，所以我认为应该乘着东风来发挥优势寻找人才。当你遇到一个可遇不可求的人才时，你需要做的就是认真去走近他，与他碰撞出思想的火花。回想以前我们办职业

学校的目的，就是培养我们农村的孩子如何讲话，学习如何能够去大城市生活最基本的技能。掌握技能之后，他需要做的就是学习策划战略、寻找事业突破点，以及资金、股权、估值，合作的伙伴，还有世界的先进性，你看这个变化多大。这些改变的故事在我们天府新谷每年都在发生。所以我觉得天府新谷应该维持这样的创业生态，维持打造创业人社区，这样类似学校一样的创新环境。

记者：不容易。

王总：确实是不容易，因为 20 多年了，仿佛就像发生在昨天。

记者：您从校办企业起家，现在您人生的梦想基本都实现了，又实现国际化走出国门，把生意做到地球上别的国家去了。

王总：做到大洋彼岸去了。

记者：下一步是不是还要将生意做到火星上？

王总：其实我觉得下一步会进行反向思考，我的梦想从物理空间来说，现在已经达到了，但是在内容的填充上，我还需要花很大的工夫，想把它做得更实、更精彩、更高端化。现在我们每天都有 1 万多人在这个 100 亩的土地上进行创业劳动，可以说光后勤和物业工作都是一个不小的业务。所以我们怎样寻找新技术，运用信息化、自动化科技手段来为创业人服务？我们的团队说董事长你还去管物业啊？我说没有物业哪有人，没有人哪有创造，没有创造哪有创新？所以返璞归真，我觉得要去下功夫稳固、稳定园区服务，做出高质量，再来说探索下一步。

记者：还有一个问题，毫无疑问就是您孵化企业做了 20 多年，能不能稍微总结一下您个人也好，孵化器也好，这 20 多年成功的经验或者说成功的原因有哪些？

王总：这个肯定有内因和外因。内因来讲，我觉得我从小就是那种独立想要积极去干成事情的人。再换句话说，要安一个什么样的家，要干一个什么样的事业，信念很重要。外因来讲，一路走来，总是在社会的各个结点上能够看到、抓到一些机会。内、外因这两者之间有机结合，就是助推和帮助我成功的原因。

记者： 孵化出来的典型案例就是您园区国际化代表SBC?

王总： 对，SBC就是我们国际化"引进来"最典型的一个案例，我们通过火炬中心，联合全国几个孵化器跟他们谈，谈了大概两年的时间。SBC它擅长的是做企业加速，将团队集合进行提升与加速，能让很多初创企业通过专家的培育达到市场转化的素质。

记者： 天府新谷是个大孵化器，然后又来了小孵化器，而且这个小孵化器是有外籍身份的。

王总： 对。所以我们把它归为国际化方面一个引进实践的成功实例，属于我们孵化器全链条当中的一环。除了SBC，园区内还有天府新谷与西藏德丰浩基金等合股成立的联合办公空间——WORK+(沃客加)，在短短一年的时间已经进驻了60个团队，而在这60个团队里已经有10多个团队获得了A轮融资甚至B轮融资。最典型的案例就是一个名叫义幻医疗的企业，义幻医疗是将先进互联网医疗技术与全球领先的腾讯云深度融合，打造了腾讯云医院整体解决方案。先后为四川大学华西第二医院、四川省人民医院等百余家知名医疗机构提供了腾讯云医院建设运营服务，助力医院轻松跨入"互联网＋医疗"大时代。

诸如此类的企业还有很多，九阵集团就是其中一家。九阵集团在园区待了9年，现在已经成功转型做孵化器了。九阵集团也致力于卫生信息化建设，产品已经在全国23个省、市、自治区认证，有400多个共同经营合作伙伴和本地化服务中心，超过5000家机构使用九阵应用系统，超过8000万人享受了九阵医疗软件给就诊带来的便利，产品远销缅甸、新加坡、苏丹等地。

第三节 "5·12"汶川地震催生的创业企业

2008年"5·12"汶川特大地震发生时，拥有中美两国双博士学位的王暾，正在奥地利科学院从事理论物理博士后工作。汶川灾区惨烈的画面深深地刺痛着这位游子的心。迅速增加的遇难同胞的数字让他坐立不安。他了解到多震的日本靠的就是"地震预警"，而中国在这方面还是空白。国家有难，匹夫有责。于是他当天立即决定回国，研发地震预警系统。

地震预警就是要打"时间差"。在震中发生地震时，利用电波比地震波快的原理在破坏性地震波到达之前，为预警目标提供几秒到几十秒的预警时间。收到预警警报后，民众可以及时避险以减少伤亡；危化企业、燃气、电力、高铁、地铁、核电站等重大工程自动紧急处置可减少经济损失和次生灾害。

理论研究表明，当地震预警时间为3秒时，可减少14%的人员伤亡；地震预警时间为10秒时，可减少39%的人员伤亡；地震预警时间为20秒时，可减少63%的人员伤亡。如果汶川地震时中国有地震预警，将减少2万～3万人死亡，2万～3万个家庭将避免生死离别。

2008年6月，王暾怀揣个人多年积蓄和老师、同学的爱心筹措款共300万元回到祖国，回到成都。他创办了成都高新减灾研究所和成都市美幻科技有限公司（以下简称"减灾所"），组建了一支研发队伍，基于创新的模式着手地震预警技术的研究、研发和推广应用。从此，王暾扛起中国地震预警事业的大旗，肩负着中国地震预警事业的使命和重担奋力地向前奔跑。

零起步，注定坎坷崎岖。不到1年时间，300万元就"烧"光了，资金链断裂。单位连续几个月发不出工资，账户上只剩下 1 块 4 毛钱，连买一份盒饭的钱都不够。此时，人才开始流失，地震预警技术研发工作又出现瓶颈。接踵而至的还有因创新受到行业内大量的质疑：一个学物理的能搞出地震预警？我国还没有应用 MEMS 传感器监测地震的先例，MEMS 传感器用于地震预警能行吗？地震监测仪器历来都是安装在地面的水泥墩上，你把地震监测仪器安装在墙上能获得有效的数据吗？我们都是给地震监测仪器建造一间专门的观测房，而你安装在人员嘈杂的办公室，背景噪声你能过滤吗？地震系统那么多人，资金充足都搞不出地震预警，你一个小小的民营研究机构能搞出来吗？缺钱、缺人，又饱受质疑，减灾所已经走到"死亡"边缘。

艰难困苦之际，王暾在成都高新区工作人员的推荐下成功申请并成为四川"千人计划"人才，同时获得了国家和高新区的科技创新基金补助，中组部和科技部陆续给了资金。得到了党和政府的大力支持，激励着王暾继续坚守求是创新精神，因为实践才是检验真理的唯一标准。"啃"下百本地震学书籍，经过上千次测试，2011 年 4 月 25 日汶川发生 2.7 级地震，地震预警试验系统首次被实际地震触发，标志着中国地震预警实现"零"的突破。

2011 年 9 月，减灾所公开招募地震预警体验志愿者，使得中国公众首次体验地震预警服务。2012 年 5 月，中国首个电视地震预警在四川北川启用。2012 年 9 月，"ICL 地震预警技术系统"通过了四川省科技厅组织的科技成果鉴定。这是国内唯一通过省部级科技成果鉴定的地震预警技术系统。

又经过几年的优化与完善，王暾的地震预警技术系统响应时间、盲区半径等核心技术指标世界领先，该成果成为世界领先的地震预警成果。

时间进入 2012 年，ICL 地震预警技术成果转化年收入千万元，加上

国家各级政府部门几百万元的科研、人才等资金，让王暾和他的团队突然过上了"有钱人"的生活。然而此时，减灾所建设的地震预警网只有几万平方千米，而我国多震区的面积约250万平方千米。近7亿百姓还得不到地震预警的保障。以天下为己任。王暾决定：将成果转化收入和国家资助的全部资金用来建设大陆地震预警网。

2013年4月，大陆地震预警网达到40万平方千米，超过日本预警网，成为世界上最大的地震预警网；2013年12月，达到100万平方千米；2014年10月，达到200万平方千米；2015年3月，大陆地震预警网，已延伸至31个省（市、区），成为覆盖面积达220万平方千米，覆盖我国地震区人口90%（6.6亿人）的全球最大的大陆地震预警网（图5-3）。这使我国成为世界上继墨西哥、日本之后，第三个具有地震预警能力的国家。

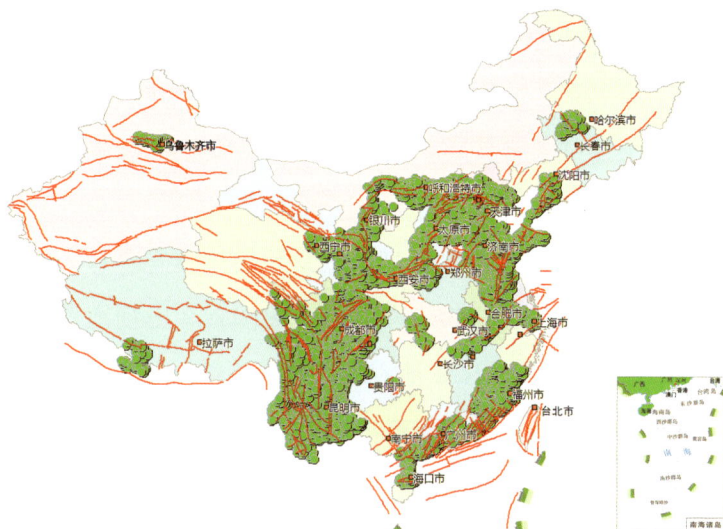

图5-3　大陆地震预警网

红色为地震断裂带；绿色为地震预警监测台站

资料来源：成都高新减灾研究所。

注：本图只作理论研究，不作版图范围展示。

2013 年 2 月 19 日，云南巧家 4.9 级地震被预警，实现了我国首次成功预警破坏性地震。中国对破坏性地震预警实现"零"的突破。

2013 年 4 月 20 日，雅安芦山 7.0 级强震被预警，实现了我国首次预警 7.0 级强震。迄今已公开预警了预警网内芦山 7.0 级地震、鲁甸 6.5 级地震、九寨沟 7.0 级地震等 41 次破坏性地震，无一误报。

预警信息均通过手机、广播、电视、微博和专用接收终端等同步发出，为公众和重大工程提供服务。从 2011 年 9 月起，逐步服务于民众、学校、社区、办公楼、化工、地铁、高铁、国防、国家预警信息发布中心、国家减灾中心及国家重大工程（核电站、核反应堆、西昌卫星发射中心）等领域。

自 2010 年起，在地震预警领域，减灾所前进的每一步，都是中国前进的每一步。自 2013 年以来，减灾所地震预警前进的每一步，也是世界地震预警前进的每一步。

2013 年，王暾成了国家"千人计划"人才。对此，王暾介绍："我们的事业离不开党创业史的激励和引导，更离不开党和政府政策呵护。"

2018 年，王暾已成为四川省人大代表。他深知责任更加重大。

目前，我国地震预警技术世界领先，预警网已覆盖地震区 90% 的区域，多领域已开展了应用示范并已安全服务 6 年以上。但最大的问题在于预警信息到达用户的"最后一公里"没有全面打通。王暾说："希望通过全社会共同努力，全面打通地震预警应用'最后一公里'，即在所有学校、地震区的村（社区）、办公场所等人员密集场所建设地震预警信息接收终端，在化工、高铁、核电站等重大工程建设地震预警紧急控制系统，广播、电视等媒体及时发布预警信息。让地震发生时，预警信息能及时传到需要的每个人、每所学校、每个工程，减少地震造成的伤害。这就是我的愿望。"

减灾所将秉承"求实"精神，继续在灾害预警领域开拓创新，不断促进我国灾害应急产业发展，服务"全球人类命运共同体"的安全篇章，为国家为世界有更安全的环境而不懈努力。

第四节　冲出天府的宝马神驹

驹马——四川驹马企业管理有限公司，两年多前，还只是一家偏居中国大西南、天府之国成都的地方性物流企业。两年后，它将业务扩展到全国，在 61 个城市开了 137 家子公司，先后拿下 5 轮融资，普洛斯、新希望、远洋资本等一批知名投资机构纷纷注资，融资总额超过 6.5 亿元。

驹马业务横跨卡车租赁和同城配送（图 5-4）两大万亿空间的蓝海市场，并且现在的业务模型是创始人白如冰等不断深入思考的结果，其关键点在于"运力"的构建、服务品质的提升、盈利空间的拓展：通过金融方案，解决车辆来源问题；通过信息化系统，解决车辆智慧化管理、运营问题；通过对每个细节的深入解析、生态版块的互相协同，解决资产的产出效率问题。

图5-4　驹马配送车

传统的城市配送行业最大弊端就是"零、散、乱",而驹马物流却横跨"卡车租赁和同城配送"两个万亿级市场实现强联动,通过卡车金融租赁模式、构建运力共赢生态圈巧妙地解决了行业难题。有效地将零散的货源和司机集中起来,打破货主和司机之间的信息不对称,用互联网技术去打通产业链条,搭建了一个直面客户的庞大标准化运力池,构建了专属驹马的自有运力,形成规模效应,提高了配送效率。同时也解决了传统零散货主的自建运输体系高投入和巨大安全隐患的难题。

目前,驹马物流已覆盖全国 61 个城市 137 家分子公司,拥有近万辆自有运力。业务范围辐射至制造企业、商超、快递、供应链服务商、连锁店、电商、家电、家具、蔬果、长途冷链等,如顺丰、菜鸟、京东、沃尔玛、零售通等 4000 多家知名企业,全方位多元化服务无疑让驹马的发展更迅速。驹马与多家车企厂商和电子设备供应商合作,在现有物联网设备和技术下联合开发商用车车载信息终端。上行接入大数据云平台,通过汇集了 TMS 运输管理系统、AMS 资产管理系统、WMS 仓储管理系统为一体的驹马城配物流云服务,实现智能派单、货运导航、在途监控、远程诊断、在线维保、上下游高效协同等智能服务,完成了运力的智慧化升级,科学规范物流运营,提升了配送效率。从 2015 年起,驹马开始"攻城拔寨",将业务向全国拓展。因为拥有更高的服务品质,有些大的物流企业还会主动邀请驹马一起去拓展其他城市,这也从一个侧面拉动了公司新业务的快速成长。作为协作体的另一方,驹马的成长势头让投资机构有了更大的信心。远洋资本股权投资高级总监王瑞表示,远洋资本将会在供应链金融、物流园区资源、生态圈内企业协同及上下游整合等各个方面,与其他股东一起重点支持驹马快速发展。大行业集中度低,领先企业加速整合趋势明显;以融资租赁模式打造自有运力并向优质客户提供标准化运力服务的商业模式已获得普洛斯、京东、菜

鸟、顺丰等物流巨头的推广及应用。

2018年8月，作为成都新经济重点培育百家企业之一的驹马，在青城山下宣布联合普洛斯、京东物流、威马汽车等进行战略合作，开启"跨界造车"活动，打造互联网智能化的卡车，提升整个货运效率。

驹马的创始人说道，成都有着非常适合创新创业的土壤，而驹马能够取得这样的发展，离不开成都的创新创业大环境。有了很好的土壤，也就有了驹马在成都成功迈出的第一步，继而有机会走出去，实现企业快速和高效发展。

第五节　顶尖医疗器械的挑战者

奥泰医疗系统有限责任公司（以下简称"奥泰医疗"）是一家位于成都的高科技医学影像技术公司，致力于研发、制造和销售医用超导磁共振医学成像系统（MR，图5-5）、X射线计算机断层扫描系统（CT）、数字化X射线成像系统（DR）、彩超、PET-MR等高端医学影像诊断设备核心部件和整机，并提供"互联网＋人工智能"医学影像技术服务，在中国成都、美国克里夫兰设有研发中心，在北京、杭州、郑州等地设有分公司或办事处。

公司创始人为麻省理工学院医学物理学博士、美国GE医疗集团原全球副总裁邹学明。公司拥有国家级"千人计划"专家2人、四川省级"千人计划"专家7人，科技创新团队获得四川省委组织部首批"顶尖团队支持计划"和成都市委组织部首批"顶尖创新创业计划"项目资助。公司已经建成四川省博士后科研工作站、四川省企业技术中心、四川省重点实验室等多个科技创新平台，承担着国家高端医疗设备应用示范项目、国家高性能医学诊疗设备专项、国家"十二五"科技支撑计划大型医疗设备专项、

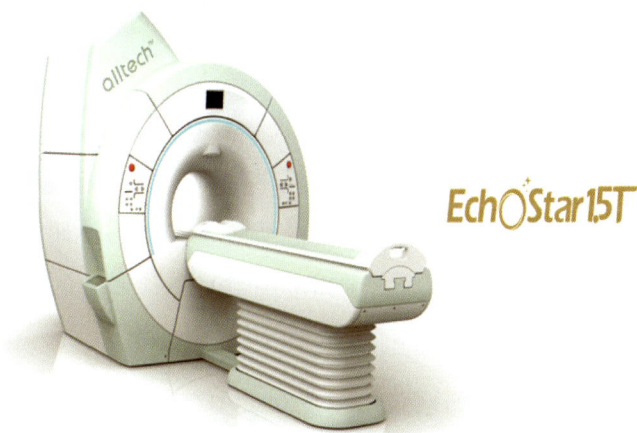

图5-5　16通道1.5 T磁共振产品

四川省省级战略性新兴产业发展促进专项、四川省重大科技成果转化专项等多个国家级和省级重大科技创新项目，获得90余项国家发明专利等知识产权。公司研制的医用超导磁共振等高端医疗设备已成功进入四川大学华西医院、北京301医院、中南大学湘雅医院等国内外300余家医疗机构，并出口到美国、英国、欧盟、东南亚、中东、中亚等海外市场。

　　为什么在四川创业呢？邹学明看好的，首先是随着改革开放的不断深化，中国整体的工业基础和人才储备都达到较高的水平，特别是各地相继制定了高层次人才引进优惠政策，四川更是具备良好的创业环境和政策环境。其次我国西部医疗设备市场有很大的后发增长潜力，四川具有先天的区位优势。最后在于四川具备较为雄厚的相关制造业基础，能为高端医疗设备的研发和制造提供良好的配套。企业落户成都高新区之后，得到了国家各方面政策的大力支持，为奥泰医疗的发展提供了有利的条件。奥泰医疗很快建立了自己的团队，拥有自己的工厂，研发、生产、销售、售后服务等工作有条不紊地开展起来。

　　奥泰医疗于2007年在超导磁体和超导磁共振整机关键技术领域取得

创新突破，一举打破了国际医疗巨头在中国 30 多年的技术、工艺和市场垄断，成为中国超导磁共振的破冰者。

十年磨一剑，经过不懈的努力，随着持续的技术研发和创新，系列产品线的不断扩延，加之不断扩大的用户基础，奥泰医疗成为国内首家掌握超导磁共振全部核心技术和整机系统及超导磁体研发、生产和销售的高端医疗影像设备供应商，成为中国第一个成功打入国际市场的超导磁共振品牌。邹学明带领的团队突破了许多国内空白，实现了多个"第一"，昂首冲进了被跨国巨头公司垄断近 30 年的国内磁共振市场，为国产民族品牌打响了名号。奥泰医疗已成为全球第四家掌握大孔径超导磁体和超导磁共振成像整机系统技术的公司。

成都高新区对奥泰医疗的支持，首先体现在政策方面，通过政策引导把全球具有竞争力的专家们吸引到成都，加入奥泰医疗，并且让他们能够安家落户，为打造中国制造的高端设备提供丰富且先进的管理经验、强大的研发和设计能力。在这一过程中，成都高新区做得非常突出，特别是对高科技制造业如何管理、如何发展提供了很好的帮助。高新区的管理者大多出身于具有博士学位的专家学者，他们具有宽广的国际视野和丰富的产业发展方面的知识结构，所以成都高新区在扶持高端科技型企业、战略性新兴产业方面具有很强的竞争力和吸引力。邹学明及其团队从一开始落户成都，成功注册企业，产品研发相继得到省科技厅、科技部等部门在政策、研发资金、人才等方面的辅导和支持，所以在企业发展的整个过程中，奥泰医疗从初期进入市场，到之后的高速增长，都享受到了导师咨询和辅导等多方面的专业创业服务。

扎根中国，胸怀世界，不断创新高端医学影像诊断设备技术与工艺，不断制造高性价比的高端医学影像诊断产品系列，让更多的中国医疗机构用上先进的高端医学影像诊断设备，让更多的海外医疗机构用上中国创造的高端医学影像诊断设备，助推中国医疗器械科技创新和产业升级，降低医疗影像诊断成本，造福于全球患者，这是奥泰医疗前进道路上不断践行的责任和使命。

第六节　3个人3万元起家的大数据创业

成都数联铭品科技有限公司（简称"BBD""数联铭品"），是一家专注服务于金融行业和政府机构的大数据综合服务提供商，由2015年中国十大科技创新人物之一、电子科技大学周涛教授联合国内顶尖大数据专家于2013年创立，在北京、成都、重庆、贵阳、合肥、伦敦和新加坡等地设有公司和分支机构，是目前国内发展最快、研发能力最强的大数据综合解决方案提供商之一。

公司是商业大数据行业标准COSR数据服务框架的发布者，同时获得中国人民银行颁发的《企业征信业务经营备案证》。经过多年在人才和研发上的持续投入，BBD成为国内拥有公开大数据库最全的公司之一。公司自主研发了KUNLUN图引擎大数据平台、GALAXY分布式计算平台等一系列具有自主知识产权的智能大数据平台，完成知识产权成果转化总计超过600件。

公司产品已在征信服务、普惠金融、供应链金融、风险管理、新金融监测、宏观经济监测等领域提供服务，能为政府机构、商业主体及其他组织提供订单式的产品和服务。

公司合作伙伴包括国家和各地区发展改革委、金融办、国资委、扶贫办、深圳证券交易所、重庆银行、贵阳银行、天府银行、徽商银行、正泰集团、财新传媒、毕马威、普华永道等政府机构、金融机构、金融信息终端、媒体和咨询机构等。2018年2月，BBD完成4.4亿元E轮融资。

今日的成绩，源于2013年7月，曾途（图5-6）、周涛、尹康3个年轻人花3万元注册了一家公司——成都数联铭品科技有限公司。实际上，周涛教授做了很多数据挖掘工作，他希望能在一些行业中实现大规模的产业化应用。但他的专业特长不是经营管理，因而希望能找到一个未来有望成为领袖级企业家的人，而且这个人最好也是"80后"，有共同语言。非常偶然的机会，周涛遇到了曾途，两人一拍即合。曾途给他介绍了自己在金融、科技、品牌等各个领域的积淀和思考。他对行业有敏锐的嗅觉，而且对成功充满渴望。但那个时候，他们没有完整的、成功的创业经验，也没有启动资金。正好成都有一个快速注册政策，为创业、成立科技企业提供了便利通道，最低3万元就能创建一家企业。

图5-6　数联铭品创始人曾途（左）

他们选择把企业创办在成都高新区，因为高新区在整个西南地区有特别的优势。对于新经济企业来说，核心要素就是人才优势，产业政策优势，还有环境创新优势。相比之下，成都高新区在整个西部最具产业积聚意愿。人才是新经济企业最重要的资产，高新区积聚了西部最顶尖的科技人才。在产品支持方面，成都高新区也给了企业很多支持和鼓励，提供发展平台和创新机会。在获得了天使轮和 A 轮投资后，高新区还有配套的补助和优惠条件，包括税收、租金等。

第七节　颠覆传统电视的创业企业 [①]

在成都高新区天府软件园，有这样一家公司：极米科技——开创无屏电视新品类的硬独角兽，成立 4 年多时间，不仅稳居行业第一，更占据行业超过 50% 的市场份额；百度、经纬中国等多家巨头和投资机构都是它的投资者。旗下产品极米无屏电视（图 5-7）和极米激光电视不仅连续两年获得 CES 最佳创新奖、iF 设计奖、红点设计奖等国际知名奖项，更持续在国内外畅销。国内权威创新创业服务平台创业黑马发布了"中国硬独角兽 Top100"榜单，极米科技作为唯一一家无屏电视/智能投影品牌入选。极米科技，这家年轻的公司是如何崛起的？

图5-7　极光无屏电视

[①]　本节部分内容节选自《商界评论》。

一、钟波：独具匠心的极客

极米科技董事长、CEO 钟波毕业于电子科技大学自动化专业，创立极米科技前，曾在晨星软件研发（深圳）有限公司（以下简称"晨星"）工作了 10 年。刚加入晨星做技术时，公司只有 10 个人。10 年奋斗后，晨星成了电视芯片领域的霸主，全球平均每 5 台电视，就有一台采用晨星的芯片。在晨星工作期间，钟波发现国内始终没有颠覆式的彩电产品，而晨星仅为厂商提供芯片解决方案，芯片做得再强，产品整体弱，中国的电视在国外还是会沦为二流品牌。

一次偶然的机会，钟波看到了一段 iPhone5 的手机概念视频："手机可以投影，键盘、屏幕都是投影出来的，当时觉得投影出来的影像显示效果很酷炫，可能是未来的呈像趋势。"钟波意识到，这也许是一个新的方向。

2012 年 5 月，钟波正式离开晨星，组建极米科技团队。创立初期，产品的研发过程枯燥而乏味，于是团队成立自有论坛，把产品的更新迭代，开发感悟一步步发帖记录。时间一长，论坛意外地吸引了一批对技术敏感的极客。团队成员时常与极客们互动，共同吐槽或解决技术难题，这样开放的风气，让极米论坛在圈内开始小有名气。

埋头研发了 6 个月后，极米科技第一款工程机 Z1 开放内测。这款产品类似投影仪，但不需要屏幕即可在白墙上播放电视影像。几百台产品在论坛中很快被抢购一空。

但此时产品有许多技术难点尚未解决，钟波将问题公布于论坛，并承诺产品不满意可退。而对极客们来说，一步步见证产品由无到有，拿到手上的产品自然舍不得退。此时，他们不仅是极米科技的粉丝，还是极米科技的技术工程师，产品经理。拿到产品后纷纷用 Excel 等工具，记录下产品 bug、使用体验，分享到论坛共同讨论。极米科技与核心用户形成了良好的反馈循环：发布新版本、成本价预售、用户体验、分享测评、反馈问题、更新迭代、再次发布新版本、邮寄用户测试。

产品研发初期，团队通过社交工具接收用户反馈，用"敞开门做研发"的姿态，进行产品快速迭代。虽然极米科技的产品未正式面市，但工程机的预售热情已超出钟波的想象。这也为后来极米科技推出市场级产品奠定了基础。

2013 年 4 月，极米科技推出工程机极米 Z2。此时的产品从色彩还原、画面优化、动态补偿、解码系统等方面，已区别于市面上的智能投影仪，为了更好地向用户传达产品特点，极米科技提出了"无屏电视"概念。

历经多代工程机的预售测试，2014 年 4 月，极米科技在论坛中发布首款无屏电视 Z3。这款 2000 多元的无屏电视，不仅只有饭盒般大小，方便携带，还可投射出最大 180 英寸的画面。实际亮度为 270 ANSI 流明，成为当时真实亮度最高的 LED 微型投影技术产品。首批产品 2000 台限量通过淘宝销售，当天就成交了上百笔。

2015 年，是家用智能投影仪竞争最为激烈的一年，而同时也是极米科技奠定市场地位的一年。极米科技经过两年的市场耕耘，以 28.82 万台出货量，国内市场约 51.4% 的份额获得国内和全球市场双冠。至此，极米科技成了智能投影行业的领军品牌。

取得这样的傲人成绩，钟波一直认为，与高新区天府软件园乃至成都市政府对创业公司的支持密不可分。政府不仅给予极米科技办公场地、创业扶持、产品研发、人才引进、渠道拓展等支持，更是将服务做得非常细致。如在极米科技还是初创企业之时，高新区曾将税务局的办事人员请到极米科技公司来，为极米科技办理电子发票业务，真正做到了为企业服务，让钟波非常感动。

二、光影更迭：未来更可期

极米科技的脚步从来不曾放慢。2016 年，极米科技领先行业发布全球首款具有 3D 功能的 1080P 无屏电视 H1，并在随后的两年发布了升级版的 H1S 和 H2；2017 年，极米科技发布全球首款 120 英寸双色 4K 激光电视 T1，同时还发布了两款 1080P 激光电视 A1 和 A1 Pro；2018 年，极米科技更是发布了行业最高配置的万元级别激光电视皓·LUNE……在产品研发和技术钻研上，极米科技多年的底层技术积累，让它具备了引领行业的能力。

2017 年的极米科技，已经发展成为一家年销售额超过 13 亿元的公司；2018 年上半年，极米科技仍以 100% 的速度增长。不仅如此，在电商节上，极米科技已经取得"五连冠"的成绩，近年来，极米科技在"618""双 11"等关键节点上，销售成绩稳居第一，比第二名到第十名的总和还多。这意味着，越来越多的消费者已经开始用极米无屏电视和激光电视这样的产品，来作为家庭电视的补充，甚至直接用来替代电视，顺应消费升级下，电子产品更新换代的需求。

与此同时，极米科技"硬件＋内容平台＋光学"的战略布局初现端倪。硬件上已经具有不可比拟的优势，极米科技不仅不计代价在硬件中加入上下左右梯形校正、运动补偿等功能，更在系统中与百度合作，加入了百度人工智能操作系统 DuerOS 和声纹识别等，让更加人性化和智能化的体验成为日常操作。

在内容平台上，极米科技向消费者展现了极其强大的平台能力。用户可以在极米无屏电视上看到芒果 TV、爱奇艺、搜狐视频、PPTV 聚体育等覆盖了全网 99% 的内容，更可以使用极米无屏电视听音乐、玩游戏、K 歌，所有你能想到的家庭应用场景应有尽有。

光学方面，极米科技于2014年建立光学实验室以来，一方面为自有产品提供技术支持；另一方面也在研究跨行业的光学技术应用，将来可能会为如VR、汽车等领域提供技术支持和解决方案。

曾受苹果手机启发的钟波，正加速AI和新零售布局，力图在电视市场占据更高份额。钟波坚信未来智能家居没有入口，任何场景板块中都有产品之间的交互。但他希望在家庭娱乐板块，建立一种全新的视听模式。光影迭代间，将传统核心——彩电，抛开屏幕的束缚，向无屏过渡。

第八节　用艺术联结世界的天府熊猫

这是一只时尚的熊猫（图5-8），这是一只喜萌的熊猫，这是一只文艺的熊猫，这是一只旅行熊猫，已经去过德国、波兰、美国、泰国、奥地利、捷克、中国香港等数十个国家（地区），这是一只友好的、"懂"外交的熊猫，作为国礼赠送各国政要，这是一只公益熊猫，明星们亲切地与它合影，传播爱与善的情怀。

图5-8　天府熊猫

　　这更是一只有感人故事的熊猫！2008年汶川地震，成都艺术家群体被卧龙自然保护区大熊猫艰难觅食的过程触动，设计了"Heart Panda"最初白模"龙龙"，一个很中国风很霸气的名字。后来社会各类群体也参与进来创作"彩绘艺术熊猫"，这只被艺术家注入了爱心、灵魂、艺术理想的熊猫，有了一个品牌的名字：Heart Panda。秉持"用艺术来联结世界"的理念，至今，Heart Panda已拥有2000余个艺术熊猫版权，有了千百个"化身"。这个品牌诞生的过程为品牌定位了内涵："敬畏生命、快乐生活、做品质艺术"，这只熊猫既是四川的，也是中国的，更是世界的。

　　"Heart Panda"融合了"Heart Panda"和"He, artPanda"的两层意义：一方面象征着"以崭新的姿态继续前行"的顽强生命力和"于困境中终得突围"的幸运；另一方面是当代艺术的经典演绎，带有新锐艺术的"灵韵"和"潮流"审美趣味，这是一只根植传统却紧跟时代思考的熊猫。

　　培育一个著名的品牌是不容易的，需要时间和资金的持续的投入，需要创意和对内涵的长期坚持，需要匠人精神的细心和执着，需要陪伴它艰辛成长的爱心与情怀，也许只有成都平稳而浓郁的生活气息，深厚的人文底蕴，可以让"龙龙"悠然行走在品牌调性孕育的漫长路途之上，"初心"不移，它知道这个成长必须有时间的积淀。当它穿着艺术家们为它设计的独特着装，出现在各种国际性的艺术展览、顶级的时尚界聚会，与明星们在慈善活动中合影，在各种重大的国际社交场合吸引着闪光灯，它已经在国际的舞台上展现迷人的风采。辛勤耕耘必有收获，2017年，Heart Panda两座艺术熊猫雕塑，带着1600万成都人民的美好祝愿，永久落户于德国柏林，树立起熊猫文化通过产业模式走出去的时代标记。2018年，天府熊猫作为四川18个代表品牌之一受邀参加中国品牌日活动，展示文创品牌的风采，分享成果经验。

　　今天，这只熊猫安家在成都天府熊猫文化传播有限公司，它的美丽

"妈妈"——公司董事长温雪倩女士，正倾尽全力把"Heart Panda"塑造成全球艺术熊猫第一品牌，她说"Heart Panda"是"世界的礼物"。也许我们看到过千千万万熊猫的作品，但绝对只有"龙龙"，它的形象最为丰满，它的人格最为真实，它的生命最为动人，它的未来最为梦幻，它的美最为独特！

成都天府熊猫文化传播有限公司根植于大熊猫的深度文化发掘，持续投入专业资源，时间在沉淀最美好的果实。温雪倩与她的团队一起，将大熊猫文化与艺术、非遗、科技等多种元素融为一体，开始将时尚、家居、消费品、制造等领域跨界融合，以全新表达方式向世界展示深厚的中华文化。成都漆器、蜀绣、羌绣、皮雕、竹编、夏布等等，这些四川非遗的融合仅仅是开始，目前"Heart Panda"已构建起由中国内地和香港地区专利、商标、版权等构筑的自主知识产权体系。未来，Heart Panda将依托版权服务，开展特许授权及衍生品开发，并在大熊猫动漫及周边、主题音乐、旅游、设计领域开展深度跨界合作，打造"文化＋旅游＋商业＋产业"的独特的熊猫文化发展之路，把商业模式推向成熟，让我们共同期待"龙龙"，期待"Heart Panda"翱翔九天的那一刻。

成都

中国城市双创观察

第六章
成都双创观察调研数据分析

为研究成都大众创新创业的特点，我们设计并实施了问卷调查，对成都创业者共发放问卷 356 份，回收有效问卷 300 份。

第一节　基本情况

一、信度、效度检验

（一）信度检验

对调查问卷主体部分进行信度检验，用 Alpha 系数（下面用 α 表示）作为衡量指标，信度检验结果表明整体 α 系数为 0.956 ＞ 0.80，这说明调查问卷主体部分信度较高（表 6-1）。

表6-1　调查问卷信度检验

Cronbach's α 系数	标准化 Cronbach's α 系数	项数
0.956	0.957	51

（二）效度检验

对调查问卷主体部分进行效度检验，检验方法为 KMO（Kaiser-Meyer-Olkin）检验和 Bartlett 检验（表 6-2）。

表6-2　调查问卷效度检验

取足够样本的 KMO 度量		0.66
Bartlett 的球形度检验	近似卡方	542.09
	df	45
	sig.	0.00

由检验结果可知：KMO 值为 0.66 > 0.5，在 5% 显著性水平下，Bartlett 的球形度检验近似卡方的显著性概率为 0.00，远小于显著性水平 0.05，说明调查问卷的结构效度较高。

二、基本信息分析

主要对 300 名（有效问卷）参与调查的成都创业者的性别构成、年龄构成、学历构成、创业经历、身份构成和海外求学经历进行初步梳理与分析。

（一）性别构成

如图 6-1 所示，在全体被调查者中，男性受访者占 65.00%，女性受访者占 35.00%。

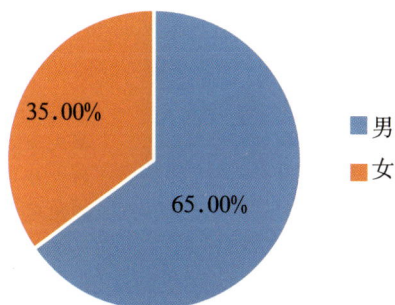

图6-1　被调查者的性别构成情况

（二）年龄构成

如图 6-2 所示，在全体被调查者中，30 岁以下受访者占比最高，为 51.33%，其次分别是 31 ～ 40 岁（38.67%）、41 ～ 50 岁（8.67%）和 50 岁以上（1.33%）。

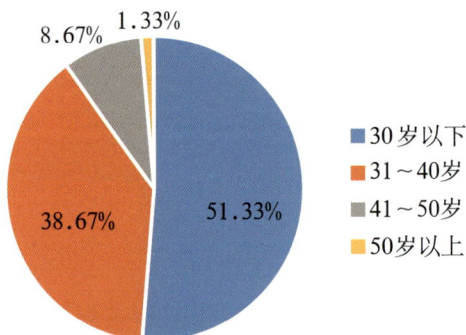

图6-2　被调查者的年龄构成情况

（三）学历构成

如图 6-3 所示，在全体被调查者中，最高学历为本科的被调查者占比最高，为 59.00%，其次分别为硕士（19.00%）、大专（17.00%）、博士（4.33%）和大专以下（0.67%）。

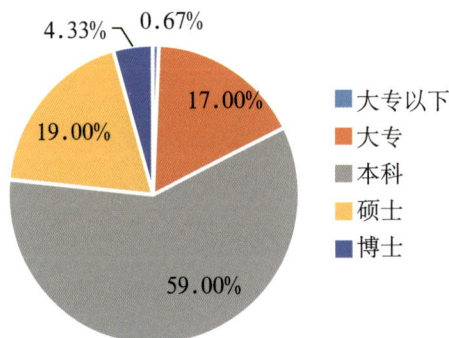

图6-3　被调查者的最高学历构成情况

（四）创业经历

如图 6-4 所示，在全部被调查中，首次创业占比最高，为 74.33%，其次分别是二次创业（15.00%）、多次创业（10.67%）。

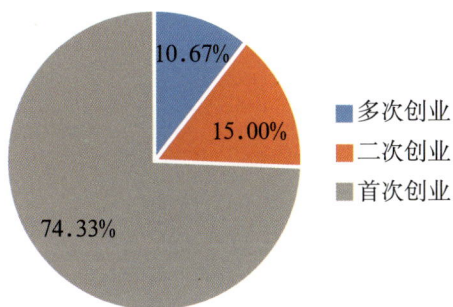

图6-4　被调查者的创业经历情况

（五）身份情况

如图 6-5 所示，在全部被调查者中，曾在成都工作两年以上并在该领域创业占比最高，为 32.33%，其次分别是在成都读完大学并在成都创业（28.67%）、其他（21.00%）和在成都以外城市读完大学并在成都创业（18.00%）。

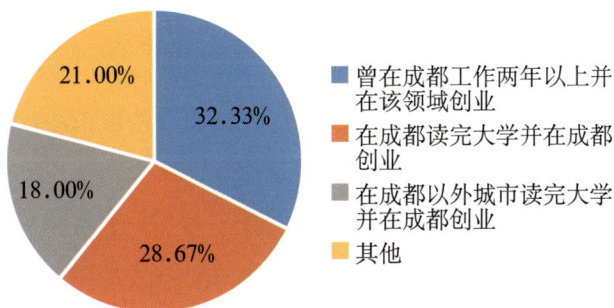

图6-5　被调查者的身份构成情况

（六）经历

如图 6-6 所示，在全部被调查者中，大部分人不具有海外求学经历（92.67%），仅有 7.33% 的受访者拥有海外一年以上的求学经历。

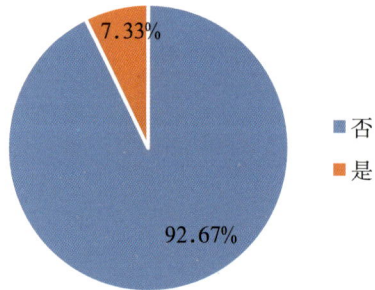

7.33%

92.67%

■ 否
■ 是

图6-6 被调查者拥有海外一年以上求学经历的构成情况

如图 6-7 所示，在全部被调查者中，大部分人不具有海外两年及以上工作经历（95.00%），仅有 5.00% 的人具有海外两年及以上工作经历。

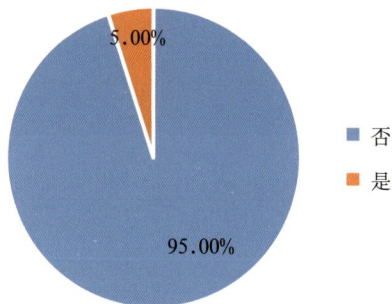

5.00%

95.00%

■ 否
■ 是

图6-7 拥有海外两年及以上工作经历者的构成情况

如图 6-8 所示，在全部被调查者中，大部分人在创业前具有两年及以上工作经历（75.00%），仅有 25.00% 的人在创业前不具有两年及以上工作经历。

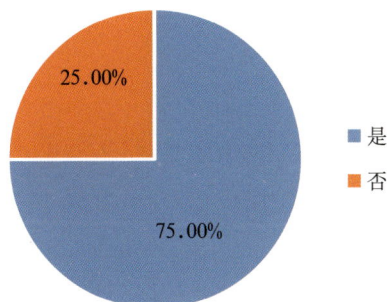

图6-8　创业前有两年及以上工作经历者的构成情况

第二节　创业者对成都城市和居民特质的主观认知情况

本节主要梳理与简要分析 300 名被调查者对成都城市和居民特质的主观认知情况，具体包括对成都的包容性、开放性、城市吸引力、生活成本、社会平等性及成都居民的悠闲度、自信心、理想主义、文艺性与契约精神的评价。

一、包容性

如图 6-9 所示，在全部被调查者中，55.85% 的人认为成都的包容性好，35.45% 的人认为成都具有较好的包容性，8.36% 的人认为成都的包容性一般，0.33% 的人认为成都的包容性差。

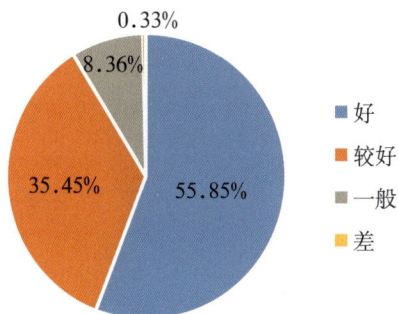

图6-9　被调查者对成都包容性的评价

二、开放性

如图 6-10 所示,在全部被调查者中,49.67% 的人认为成都的开放性好,40.33% 的人认为成都的开放性较好,9.00% 的人认为成都的开放性一般,0.67% 的人认为成都的开放性较差,还有 0.33% 的人认为成都的开放性差。

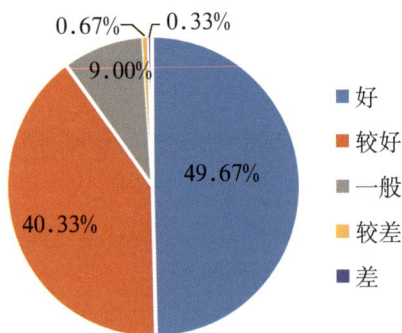

图6-10　被调查者对成都开放性的评价

三、城市吸引力

如图 6-11 所示,在全部被调查者中,57.19% 的人认为成都的城市吸引力好,36.45% 的人认为成都的城市吸引力较好,6.02% 的人认为成都的城市吸引力一般,还有 0.33% 的人认为成都的城市吸引力差。

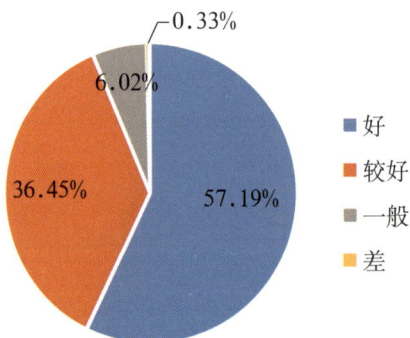

图6-11　被调查者对成都城市吸引力的评价

四、生活成本

如图 6-12 所示，在全部被调查者中，46.49% 的人认为成都的生活成本一般，22.41% 的人认为成都的生活成本较高，18.06% 的人认为成都的生活成本较低，8.70% 的人认为成都的生活成本低，4.35% 的人认为成都的生活成本高。

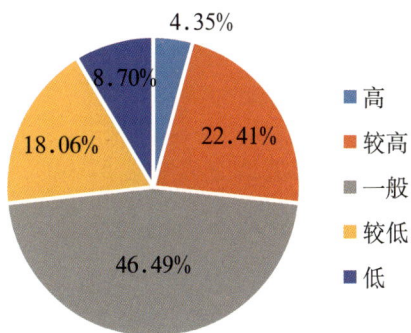

图6-12　被调查者对成都生活成本的评价

五、社会平等性

如图 6-13 所示，在全部被调查者中，38.59% 的人认为成都有着较好的社会平等性，29.19% 的人认为成都的社会平等性好，28.86% 的人认为成都的社会平等性一般，1.68% 的人认为成都的社会平等性较差，1.68% 的人认为成都的社会平等性差。

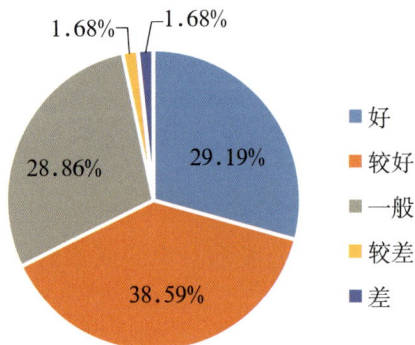

图6-13 被调查者对成都社会平等性的评价

好
较好
一般
较差
差

六、悠闲度

如图 6-14 所示，在全部被调查者中，52.00% 的人认为成都人的悠闲度较高，26.67% 的人认为成都人的悠闲度高，16.67% 的人认为成都人的悠闲度一般，3.00% 的人认为成都人的悠闲度较低，还有 1.67% 的人认为成都人的悠闲度低。

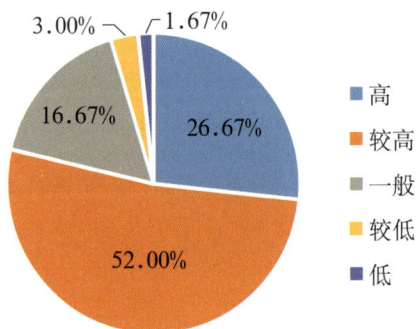

高
较高
一般
较低
低

图6-14 被调查者对成都人悠闲度的评价

七、自信心

如图 6-15 所示，在全部被调查者中，46.33% 的人认为成都人的自信心较强，25.33% 的人认为成都人的自信心一般，24.33% 的人认为成都人的自信心强，3.33%的人认为成都人的自信心较弱，还有0.67%的人认为成都人的自信心弱。

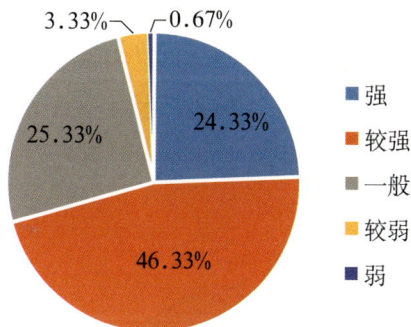

图6-15　被调查者对成都人自信心的评价

八、理想主义

如图6-16所示，在全部被调查者中，46.33%的人认为成都人的理想主义倾向一般，29.33%的人认为成都人的理想主义倾向较多，16.33%的人认为成都人的理想主义倾向多，8.00%的人认为成都人的理想主义倾向较少。

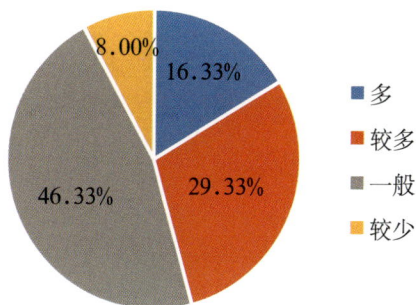

图6-16　被调查者对成都人是否有理想主义的评价

九、文艺性

如图 6-17 所示，在全部被调查者中，36.33% 的人认为成都人生活追求文艺性较多，35.00% 的人认为成都人对生活文艺性的追求程度一般，26.00% 的人认为成都人追求生活的文艺性多，2.33% 的人认为成都人生活追求的文艺性较少，0.33% 的人认为成都人不追求生活的文艺性。

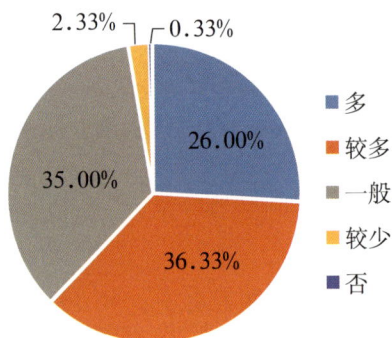

图6-17 被调查者对成都人生活是否追求文艺性的评价

十、契约精神

如图 6-18 所示，在全部被调查者中，46.15% 的人认为成都人的契约精神一般，35.45% 的人认为成都人的契约精神较高，12.37% 的人认为成都人有着高的契约精神，4.68% 的人认为成都人有着较低的契约精神，1.34% 的人认为成都人的契约精神低。

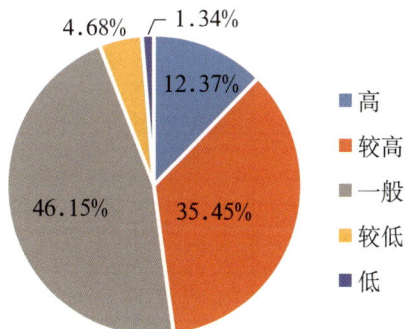

图6-18　被调查者对成都人契约精神的评价

第三节　成都城市特质对创业活动的影响分析

本节主要梳理与分析300名被调查者认为成都城市和居民特质对创业活动的影响情况，具体包括成都的包容性、开放性、城市吸引力、生活成本、社会平等性及成都居民的悠闲度、自信心、理想主义、文艺性与契约精神等特质对创业活动中的技术创新、政府政策的完善性、政府政策的易获取性、创业孵化机构作用、投融资的易获取性等要素的影响。被调查者对各因素的影响程度打分为0～4分的整数。分数越大，影响程度越高，0～4分分别代表：影响弱（0分）、影响较弱（1分）、影响一般（2分）、影响较强（3分）和影响强（4分）。

一、包容性

成都包容性对创业活动下列各项要素影响的统计数值如表6-3所示，对各项要素的影响程度比较如图6-19所示。包容性对创业活动各项要素的影响多介于"影响一般"和"影响较强"之间，且偏向"影响较强"。其中，成都包容性对创业活动中的技术创新与创业孵化机构作用有着较强的影响，对于投融资的易获取性影响程度相对较弱。

表6-3 成都包容性对创业活动的影响数值

	样本量	均值	标准差	均值的标准误
技术创新	300	3.05	0.75	0.043
政府政策的完善性	300	2.95	0.76	0.044
政府政策的易获取性	300	2.76	0.85	0.049
创业孵化机构作用	300	2.99	0.76	0.044
投融资的易获取性	300	2.56	0.92	0.053
成都创业者互动学习社群的活跃性	300	2.86	0.87	0.05

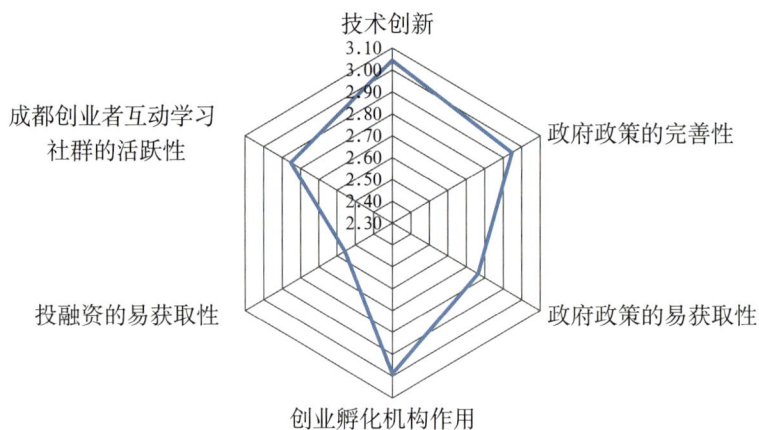

图6-19 成都包容性对创业活动的影响

二、开放性

成都开放性对创业活动下列各项要素影响的统计数值如表6-4所示，对各项要素的影响程度比较如图6-20所示。开放性对创业活动各项要素的影响均介于"影响一般"和"影响较强"之间，且偏向"影响较强"。其中，成都开放性对创业活动中的技术创新与政府政策的易获取性有着较强的影响，对于投融资的易获取性和研究院所资源的易获取性的影响程度相对较弱。

表6-4 成都开放性对创业活动的影响

	样本量	均值	标准差	均值的标准误
技术创新	300	2.99	0.75	0.043
大学资源的易获取性	300	2.86	0.84	0.048
研究院所资源的易获取性	300	2.66	0.96	0.055
政府政策的完善性	300	2.82	0.79	0.045
政府政策的易获取性	300	2.87	0.81	0.047
创业孵化机构作用	300	2.84	0.76	0.044
投融资的易获取性	300	2.67	0.88	0.05
导师的创业辅导能力	300	2.79	0.86	0.05
成都创业者互动学习社群的活跃性	299	2.81	0.84	0.049

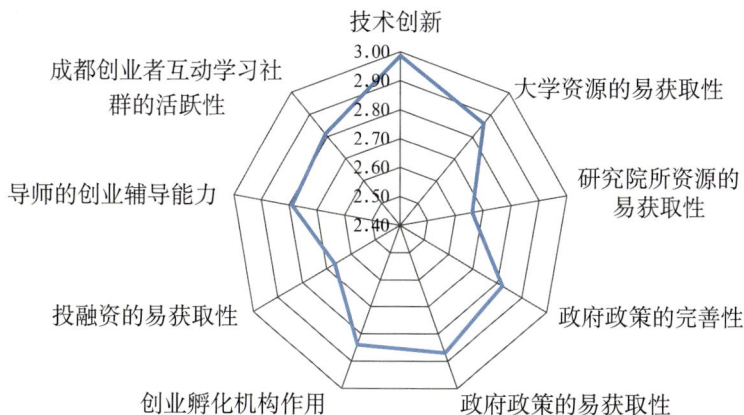

图6-20 成都开放性对创业活动的影响

三、城市吸引力

　　成都城市吸引力对创业活动下列各项要素影响的统计数值如表6-5所示。本研究仅就城市吸引力对成都创业者互动学习社群的活跃性的影响进行了调查，发现被调查者认为城市吸引力对成都创业者互动学习社群的活跃性的影响程度均值为2.88，介于"影响一般"和"影响较强"之间，且偏向"影响较强"。

表6-5　成都城市吸引力对创业活动的影响

	样本量	均值	标准差	均值的标准误
成都创业者互动学习社群的活跃性	300	2.88	0.85	0.049

四、生活成本

成都生活成本对创业活动下列各项要素影响的统计数值如表 6-6 所示。本研究就生活成本对创业活动中的技术创新和成都创业者互动学习社群的活跃性进行了调查，发现被调查者认为成都生活成本对技术创新的影响程度均值为 2.90，认为成都生活成本对成都创业者互动学习社群的活跃性的影响程度均值为 2.86，都介于"影响一般"和"影响较强"之间，且偏向"影响较强"。

表6-6　成都生活成本对创业活动的影响

	样本量	均值	标准差	均值的标准误
技术创新	300	2.90	0.77	0.044
成都创业者互动学习社群的活跃性	300	2.86	0.79	0.045

五、社会平等性

成都社会平等性对创业活动下列各项要素影响的统计数值如表 6-7 所示，对各项要素的影响程度比较如图 6-21 所示。社会平等性对创业活动各项要素的影响均介于"影响一般"和"影响较强"之间，且偏向"影响较强"。其中，对技术创新和大学资源的易获取性有着较强的影响，对于研究院所资源的易获取性影响相对较弱。

表6-7　成都社会平等性对创业活动的影响

	样本量	均值	标准差	均值的标准误
技术创新	300	2.85	0.78	0.045
大学资源的易获取性	300	2.82	0.85	0.049
研究院所资源的易获取性	300	2.75	0.88	0.051
政府政策的完善性	300	2.80	0.83	0.048
政府政策的易获取性	300	2.78	0.83	0.048
创业孵化机构作用	300	2.80	0.82	0.047
成都创业者互动学习社群的活跃性	300	2.80	0.82	0.047

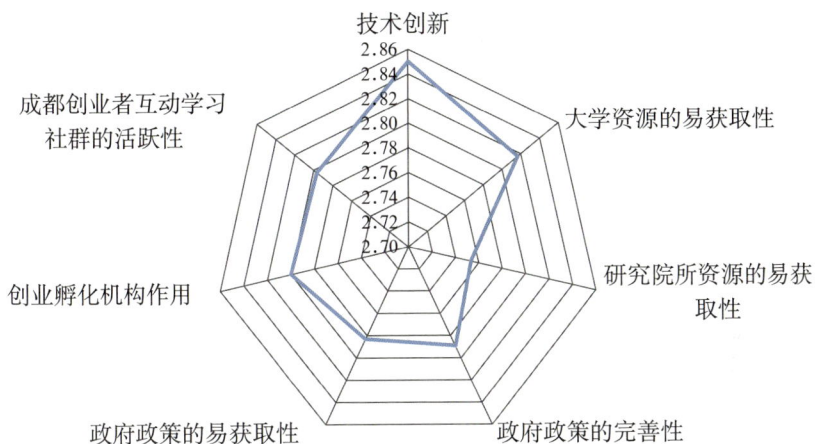

图6-21　成都社会平等性对创业活动的影响

六、悠闲度

　　成都人生活心态悠闲度对创业活动下列各项要素影响的统计数值如表6-8所示。悠闲度对创业活动各项要素的影响均介于"影响一般"和"影响较强"之间，且偏向"影响较强"。

表6-8　成都人生活心态悠闲度对创业活动的影响

	样本量	均值	标准差	均值的标准误
技术创新	300	2.79	0.85	0.049
成都创业者互动学习社群的活跃性	300	2.80	0.83	0.048

七、自信心

成都人自信心对创业活动下列各项要素影响的统计数值如表6-9所示，对各项要素的影响程度比较如图6-22所示。自信心对创业活动各项要素的影响均介于"影响一般"和"影响较强"之间，且偏向"影响较强"。其中，对成都创业者互动学习社群的活跃性有着较强的影响，对于投融资的易获取性影响相对较弱。

表6-9　成都人自信心对创业活动的影响

	样本量	均值	标准差	均值的标准误
技术创新	300	2.87	0.79	0.045
投融资的易获取性	300	2.71	0.88	0.051
成都创业者互动学习社群的活跃性	300	2.90	0.79	0.046

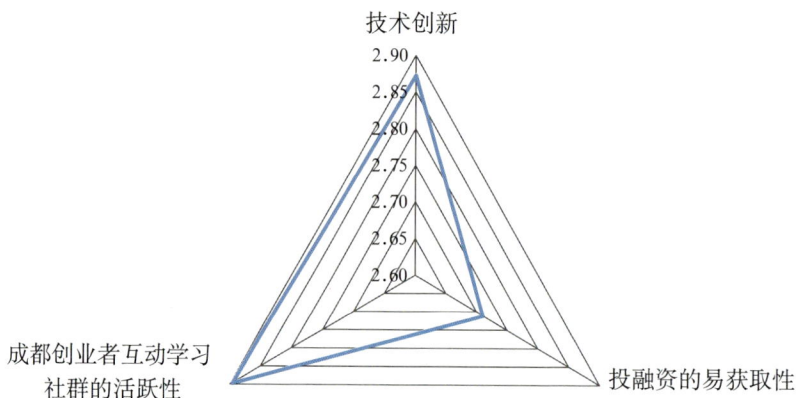

图6-22　成都人自信心对创业活动的影响

八、理想主义

成都人理想主义对创业活动下列各项要素影响的统计数值如表 6-10 所示，对各项要素的影响程度比较如图 6-23 所示。理想主义对创业活动各项要素的影响均介于"影响一般"和"影响较强"之间，且偏向"影响较强"。其中，对技术创新有着较强的影响，对于投融资的易获取性影响相对较弱。

表6-10　成都人理想主义对创业活动的影响

	样本量	均值	标准差	均值的标准误
技术创新	300	2.80	0.75	0.043
投融资的易获取性	300	2.64	0.76	0.044
成都创业者互动学习社群的活跃性	300	2.74	0.75	0.043

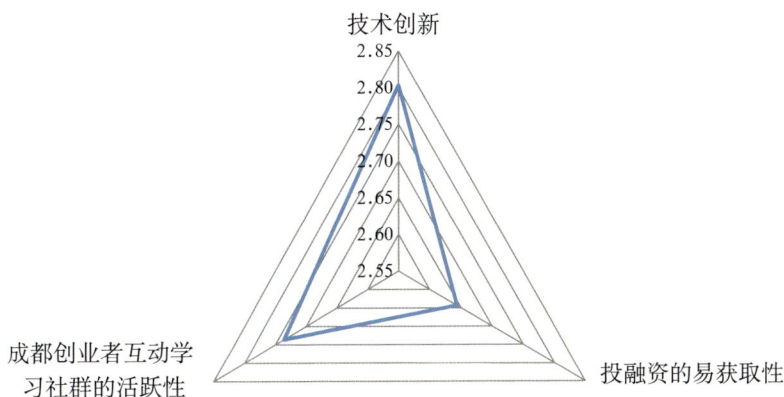

图6-23　成都人理想主义对创业活动的影响

九、文艺性

成都人追求文艺性对创业活动下列各项要素影响的统计数值如

表6-11所示。文艺性对创业活动各项要素的影响均介于"影响一般"和"影响较强"之间，且偏向"影响较强"。

表6-11 成都人追求文艺性对创业活动的影响

	样本量	均值	标准差	均值的标准误
技术创新	300	2.79	0.77	0.044
成都创业者互动学习社群的活跃性	300	2.81	0.74	0.043

十、契约精神

成都人契约精神对创业活动下列各项要素影响的统计数值如表6-12所示，对各项要素的影响程度比较如图6-24所示。契约精神对创业活动各项要素的影响均介于"影响一般"和"影响较强"之间，且偏向"影响较强"。其中，对成都创业者互动学习社群的活跃性有着较强的影响，对于投融资的易获取性影响相对较弱。

表6-12 成都人契约精神对创业活动的影响

	样本量	均值	标准差	均值的标准误
技术创新	300	2.80	0.82	0.047
大学资源的易获取性	300	2.73	0.84	0.049
研究院所资源的易获取性	300	2.71	0.79	0.045
投融资的易获取性	300	2.65	0.85	0.049
导师的创业辅导能力	300	2.78	0.82	0.047
成都创业者互动学习社群的活跃性	300	2.82	0.81	0.046

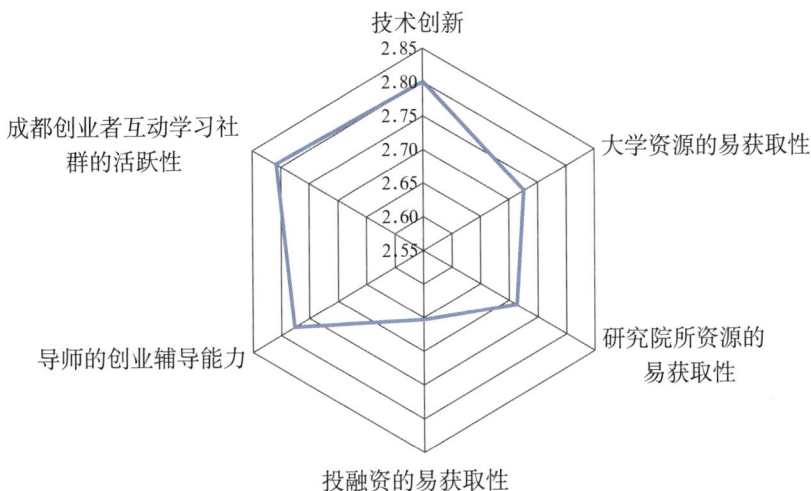

图6-24　成都人契约精神对创业活动的影响

第四节　城市特质与创业者认知相关性分析

本节重点对性别、年龄等基本信息与被调查者对成都的包容性、开放性、城市吸引力等城市特质和成都居民的生活心态悠闲度、自信心等居民特质的认知情况的相关性进行探究，采用卡方检验方法开展相关性分析，旨在发现各组变量之间的相关性。

由于篇幅限制，只对卡方检验显示具有相关性的项目之间的交叉列联结果进行描述。

一、性别与认知情况

由表 6-13 可知，被调查者的性别与其对成都人的自信心、文艺性的认知之间具有相关关系，但是由相依系数可知两者的相关程度较低。

表6-13　性别与认知情况的卡方检验结果

检验项目	Pearson 卡方值	P 值	相依系数
包容性	3.89	0.42	0.11
开放性	1.75	0.78	0.08
城市吸引力	2.87	0.58	0.10
生活成本	5.26	0.39	0.13
社会平等性	3.66	0.60	0.11
悠闲度	3.65	0.46	0.11
自信心	11.95	0.02*	0.20
理想主义	1.93	0.59	0.08
文艺性	8.87	0.03*	0.17
契约精神	4.29	0.23	0.12

*表示在 5% 的水平下显著。

对被调查者的性别与其对成都人的自信心认知进行交叉列联分析可知：在所调查的 300 个人中，男性认为成都人自信心较弱的比例明显高于总比例，认为成都人自信心强的比例明显低于总比例；女性认为成都人自信心较强的比例明显高于总比例，认为成都人自信心一般的比例明显低于总比例。

对被调查者的性别与其对成都人的生活是否追求文艺性认知进行交叉列联分析可知：在所调查的 300 个人中，男性认为成都人生活追求文艺性一般的比例明显高于总比例，认为成都人生活追求文艺性多的比例明显低于总比例；女性认为成都人生活追求文艺性多的比例明显高于总比例，认为成都人生活追求文艺性一般的比例明显低于总比例。

二、年龄与认知情况

由表 6-14 可知，被调查者的年龄与其对成都城市、居民特质的认知之间不具有显著相关关系。

表6-14　年龄与认知情况的卡方检验结果

检验项目	Pearson 卡方值	P 值	相依系数
包容性	3.82	0.43	0.11
开放性	0.88	0.93	0.05
城市吸引力	2.48	0.65	0.09
生活成本	10.14	0.07	0.18
社会平等性	5.12	0.40	0.13
悠闲度	2.39	0.66	0.09
自信心	3.15	0.53	0.10
理想主义	1.76	0.62	0.08
文艺性	2.03	0.57	0.08
契约精神	2.69	0.44	0.09

三、最高学历与认知情况

由表 6-15 可知，被调查者的最高学历与其对成都的包容性、开放性、城市吸引力、社会平等性及成都人的自信心、契约精神的认知情况之间具有相关关系，且由相依系数值可知两者的相关程度较高。

表6-15　最高学历与认知情况的卡方检验结果

检验项目	Pearson 卡方值	P 值	相依系数
包容性	31.49	0.01**	0.31
开放性	29.95	0.02*	0.30
城市吸引力	49.86	0.00**	0.38
生活成本	28.36	0.10	0.29
社会平等性	33.66	0.03*	0.32
悠闲度	22.31	0.13	0.26
自信心	34.50	0.01**	0.32
理想主义	10.88	0.54	0.19

续表

检验项目	Pearson 卡方值	P 值	相依系数
文艺性	11.55	0.48	0.19
契约精神	22.18	0.04*	0.26

*表示在 5% 的水平下显著；**表示在 1% 的水平下显著。

对被调查者的最高学历与其对成都的包容性认知进行交叉列联分析可知：在所调查的 300 个人中，最高学历为大专的人中，认为成都的包容性一般的比例明显高于总比例，认为成都的包容性较好的比例明显低于总比例；最高学历为本科的人中，认为成都的包容性好的比例明显高于总比例，认为成都的包容性一般的比例明显低于总比例；最高学历为硕士的人中，认为成都的包容性好的比例明显高于总比例，认为成都的包容性一般的比例明显低于总比例；最高学历为博士的人中，认为成都的包容性较差的比例明显高于总比例，认为成都的包容性一般的比例明显低于总比例。

对被调查者的最高学历与其对成都的开放性认知进行交叉列联分析可知：在所调查的 300 个人中，最高学历为大专的人中，认为成都的开放性较好的比例明显高于总比例，认为成都的开放性一般的比例明显低于总比例；最高学历为硕士的人中，认为成都的开放性一般的比例明显高于总比例，认为成都的开放性较好的比例明显低于总比例；最高学历为博士的人中，认为成都的开放性较好的比例明显高于总比例，认为成都的开放性好的比例明显低于总比例。

对被调查者的最高学历与其对成都的城市吸引力认知进行交叉列联分析可知：在所调查的 300 个人中，最高学历为大专的人中，认为成都的城市吸引力较好的比例明显高于总比例，认为成都的城市吸引力好的比例明显低于总比例；最高学历为硕士的人中，认为成都的城市吸引力好的比例明显高于总比例，认为成都的城市吸引力一般的比例明显低于总比例。

对被调查者的最高学历与其对成都的社会平等性认知进行交叉列联分析可知：在所调查的 300 个人中，最高学历为大专的人中，认为成都的社会平等性一般的比例明显高于总比例，认为成都的社会平等性较好的比例明显低于总比例；最高学历为硕士的人中，认为成都的社会平等性好的比例明显高于总比例，认为成都的社会平等性一般的比例明显低于总比例。

对被调查者的最高学历与其对成都人的自信心情况认知进行交叉列联分析可知：在所调查的 300 个人中，最高学历为大专的人中，认为成都人自信心较强的比例明显高于总比例，认为成都人自信心一般的比例明显低于总比例；最高学历为本科的人中，认为成都人自信心一般的比例明显高于总比例，认为成都人自信心较强的比例明显低于总比例；最高学历为硕士的人中，认为成都人自信心较强的比例明显高于总比例，认为成都人自信心一般的比例明显低于总比例。

对被调查者的最高学历与其对成都人的契约精神认知进行交叉列联分析可知：在所调查的 300 个人中，最高学历为大专的人中，认为成都人的契约精神一般的比例明显高于总比例，认为成都人的契约精神较低的比例明显低于总比例；最高学历为硕士的人中，认为成都人的契约精神较低的比例明显高于总比例，认为成都人的契约精神较高的比例明显低于总比例。

四、创业经历与认知情况

由表 6-16 可知，被调查者的创业经历与其对成都人的悠闲度认知情况之间具有相关关系，但是由相依系数值可知两者的相关程度较低。

表6-16　创业经历与认知情况的卡方检验结果

检验项目	Pearson 卡方值	P 值	相依系数
包容性	2.32	0.97	0.09
开放性	4.10	0.85	0.12
城市吸引力	3.00	0.93	0.10
生活成本	10.13	0.43	0.18
社会平等性	15.83	0.11	0.22
悠闲度	15.82	0.05*	0.22
自信心	7.11	0.53	0.15
理想主义	11.97	0.06	0.20
文艺性	3.44	0.75	0.11
契约精神	7.94	0.24	0.16

*表示在 5% 的水平下显著。

对被调查者的创业经历与其对成都人的悠闲度认知进行交叉列联分析可知：在所调查的 300 个人中，首次创业的人中，认为成都人的悠闲度一般的比例明显高于总比例，认为成都人的悠闲度较高的比例明显低于总比例；二次创业的人中，认为成都人的悠闲度较高的比例明显高于总比例，认为成都人的悠闲度一般的比例明显低于总比例；多次创业的人中，认为成都人的悠闲度高的比例明显高于总比例，认为成都人的悠闲度一般的比例明显低于总比例。

五、身份与认知情况

由表 6-17 可知，在 5% 的显著性水平下，被调查者的身份与其对成都人的悠闲度、契约精神的认知情况之间具有相关关系，但是由相依系数值可知两者的相关程度较低。

表6-17　身份与认知情况的卡方检验结果

检验项目	Pearson 卡方值	P 值	相依系数
包容性	14.55	0.27	0.22
开放性	8.98	0.71	0.17
城市吸引力	12.38	0.42	0.20
生活成本	20.13	0.17	0.25
社会平等性	22.92	0.09	0.27
悠闲度	22.24	0.03*	0.26
自信心	17.83	0.12	0.24
理想主义	10.07	0.35	0.18
文艺性	7.93	0.54	0.16
契约精神	18.94	0.03*	0.24

* 表示在 5% 的水平下显著。

对被调查者的身份与其对成都人的悠闲度认知进行交叉列联分析可知：在所调查的 300 个人中，曾在成都工作两年以上并在该领域创业的人中，认为成都人的悠闲度较高的比例明显高于总比例，认为成都人的悠闲度一般的比例明显低于总比例；在成都读完大学并在成都创业的人中，认为成都人的悠闲度一般的比例明显高于总比例，认为成都人的悠闲度高的比例明显低于总比例；在成都以外城市读完大学并在成都创业的人中，认为成都人的悠闲度高的比例明显高于总比例，认为成都人的悠闲度一般的比例明显低于总比例；其他人中，认为成都人的悠闲度较低的比例明显高于总比例，认为成都人的悠闲度较高的比例明显低于总比例。

对被调查者的身份与其对成都人的契约精神认知进行交叉列联分析可知：在所调查的 300 个人中，曾在成都工作两年以上并在该领域创业的人中，认为成都人的契约精神一般的比例明显高于总比例，认为成都人的契约精神低的比例明显低于总比例；在成都以外城市读完大学并在

成都创业的人中，认为成都人的契约精神一般的比例明显高于总比例，认为成都人的契约精神较低的比例明显低于总比例；其他人中，认为成都人的契约精神一般的比例明显高于总比例，认为成都人的契约精神较高的比例明显低于总比例。

六、经历与认知情况

由表 6-18 可知，被调查者是否具有海外一年及以上求学经历与其对成都城市、居民特质的认知之间不具有显著相关关系。

表6-18　是否具有海外一年及以上求学经历与认知情况的卡方检验结果

检验项目	Pearson 卡方值	P 值	相依系数
海外一年及以上求学经历 & 包容性	3.82	0.43	0.11
海外一年及以上求学经历 & 开放性	0.88	0.93	0.05
海外一年及以上求学经历 & 城市吸引力	2.48	0.65	0.09
海外一年及以上求学经历 & 生活成本	10.14	0.07	0.18
海外一年及以上求学经历 & 社会平等性	5.12	0.40	0.13
海外一年及以上求学经历 & 悠闲度	2.39	0.66	0.09
海外一年及以上求学经历 & 自信心	3.15	0.53	0.10
海外一年及以上求学经历 & 理想主义	1.76	0.62	0.08
海外一年及以上求学经历 & 文艺性	2.03	0.57	0.08
海外一年及以上求学经历 & 契约精神	2.69	0.44	0.09

由表 6-19 可知，被调查者是否具有海外两年及以上工作经历与其对成都的城市吸引力、社会平等性的认知情况之间具有相关关系，但是由相依系数值可知这些项目之间的相关程度较低。

表6-19 是否具有海外两年及以上工作经历与认知情况的卡方检验结果

检验项目	Pearson 卡方值	P 值	相依系数
海外两年及以上工作经历 & 包容性	1.57	0.81	0.07
海外两年及以上工作经历 & 开放性	0.52	0.97	0.04
海外两年及以上工作经历 & 城市吸引力	21.87	0.00**	0.26
海外两年及以上工作经历 & 生活成本	9.57	0.09	0.18
海外两年及以上工作经历 & 社会平等性	12.30	0.03*	0.20
海外两年及以上工作经历 & 悠闲度	2.74	0.60	0.10
海外两年及以上工作经历 & 自信心	0.93	0.92	0.06
海外两年及以上工作经历 & 理想主义	0.39	0.94	0.04
海外两年及以上工作经历 & 文艺性	1.06	0.79	0.06
海外两年及以上工作经历 & 契约精神	4.63	0.20	0.12

*表示在 5% 的水平下显著；** 表示在 1% 的水平下显著。

对被调查者是否具有海外两年及以上工作经历与其对成都的城市吸引力认知进行交叉列联分析可知：在所调查的 300 个人中，具有海外一年及以上求学经历的人中，认为成都的城市吸引力较好的比例明显高于总比例，认为成都的城市吸引力好的比例明显低于总比例。

对被调查者是否具有海外两年及以上工作经历与其对成都的社会平等性认知进行交叉列联分析可知：在所调查的 300 个人中，具有海外一年及以上求学经历的人中，认为成都的社会平等性较好的比例明显高于总比例，认为成都的社会平等性一般的比例明显低于总比例。

由表 6-20 可知，被调查者创业前是否具有两年及以上工作经历与其对成都的包容性的认知情况之间具有相关关系，但是由相依系数值可知两者之间的相关程度较低。

表6-20　创业前有两年及以上工作经历与认知情况的卡方检验结果

检验项目	Pearson 卡方值	P 值	相依系数
创业前有两年及以上工作经历 & 包容性	11.03	0.03*	0.19
创业前有两年及以上工作经历 & 开放性	1.53	0.82	0.07
创业前有两年及以上工作经历 & 城市吸引力	1.74	0.78	0.08
创业前有两年及以上工作经历 & 生活成本	3.61	0.61	0.11
创业前有两年及以上工作经历 & 社会平等性	9.88	0.08	0.18
创业前有两年及以上工作经历 & 悠闲度	8.20	0.08	0.16
创业前有两年及以上工作经历 & 自信心	3.64	0.46	0.11
创业前有两年及以上工作经历 & 理想主义	5.26	0.15	0.13
创业前有两年及以上工作经历 & 文艺性	5.64	0.13	0.14
创业前有两年及以上工作经历 & 契约精神	7.13	0.07	0.15

*表示在 5% 的水平下显著。

对被调查者创业前是否具有两年及以上工作经历与其对成都的包容性认知进行交叉列联分析可知：在所调查的 300 个人中，创业前有两年及以上工作经历的人中，认为成都的包容性好的比例明显高于总比例，认为成都的包容性较好的比例明显低于总比例；创业前没有两年及以上工作经历的人中，认为成都的包容性较好的比例明显高于总比例，认为成都的包容性好的比例明显低于总比例。

第五节　因子分析

本节重点对被调查者对成都城市和居民特质的各认知因素进行因子分析，通过提取各因素的公因子，检验各因子之间的关系，并探索隐藏在各因子中的具有代表性的新因子。

将被调查者对成都城市和居民特质相关问题的回答作为相应指标：X_1、X_2、X_3、X_4、X_5、X_6、X_7、X_8、X_9、X_{10}。

一、KMO 检验和 Bartlett 检验

由表 6-21 可知，KMO 值为 0.66 > 0.5，在 5% 显著性水平下，Bartlett 的球形度检验近似卡方的显著性概率为 0.00，远小于显著性水平 0.05，说明数据适合进行因子分析。

表6-21　KMO检验和Bartlett检验

取足够样本的 KMO 度量		0.66
Bartlett 的球形度检验	近似卡方	542.09
	df	45
	sig.	0.00

二、特征值和贡献率

按照特征值大于 1 的原则，应选入 4 个公共因子，其累计贡献率为 63.87%（表 6-22）。

表6-22　特征值及贡献率

序号	特征值	贡献率	累计贡献率 /%
1	2.74	27.40	27.40
2	1.37	13.71	41.11
3	1.19	11.89	53.00
4	1.09	10.87	63.87
5	0.97	9.66	73.52
6	0.83	8.27	81.80
7	0.55	5.45	87.25
8	0.48	4.83	92.08
9	0.43	4.30	96.38
10	0.36	3.62	100.00

三、因子载荷矩阵

对因子载荷矩阵（表 6-23）实行方差最大正交旋转，旋转后的因子载荷矩阵如表 6-24 所示。

表6-23　因子载荷矩阵

因子	指标			
	F_1	F_2	F_3	F_4
X_1	0.69	−0.42	−0.11	−0.09
X_2	0.77	−0.35	−0.15	−0.03
X_3	0.71	−0.34	−0.17	−0.08
X_4	0.05	−0.14	0.85	0.26
X_5	0.56	0.08	0.58	−0.08
X_6	−0.15	−0.04	−0.25	0.80
X_7	0.51	0.52	−0.08	0.05
X_8	0.35	0.63	0.00	−0.10
X_9	0.50	0.53	−0.11	0.05
X_{10}	−0.46	−0.01	−0.01	−0.59

表6-24　旋转后的因子载荷矩阵

因子	指标			
	F_1	F_2	F_3	F_4
X_1	0.81	0.03	0.06	−0.02
X_2	0.84	0.13	0.05	0.06
X_3	0.80	0.11	0.01	0.01
X_4	−0.09	−0.16	0.87	0.09
X_5	0.30	0.33	0.66	−0.16
X_6	−0.13	−0.10	−0.13	0.82
X_7	0.15	0.71	0.03	0.08

续表

因子	指标			
	F_1	F_2	F_3	F_4
X_8	−0.04	0.72	0.03	−0.10
X_9	0.14	0.72	−0.02	0.08
X_{10}	−0.30	−0.25	−0.22	−0.61

由表 6-23、表 6-24 可得：根据因子载荷矩阵、旋转后的因子载荷矩阵对指标的归类结果一致。

四、命名因子

将 10 个指标按高载荷分成 4 类，并对各因子命名如表 6-25 所示。

表6-25　因子命名情况

因子	高载荷指标	因子命名
因子 1	X_1 包容性	综合吸引力因子
	X_2 开放性	
	X_3 城市吸引力	
因子 2	X_7 自信心	文化感召力因子
	X_8 理想主义	
	X_9 文艺性	
因子 3	X_4 生活成本	社会凝聚力因子
	X_5 社会平等性	
因子 4	X_6 悠闲度	商业软实力因子
	X_{10} 契约精神	

在第一个因子中，X_1、X_2、X_3 3 个指标有较大载荷，这些是从成都的包容性、开放性、城市吸引力 3 个方面来刻画成都城市文化的综合吸引

力。故将因子 1 命名为综合吸引力因子。

在第二个因子中，X_7、X_8、X_9 3 个指标有较大载荷，这些是从成都居民的自信心、理想主义、文艺性 3 个方面来刻画成都城市文化的文化感召力。故将因子 2 命名为文化感召力因子。

在第三个因子中，X_4、X_5 2 个指标有较大载荷，这些是从成都的生活成本、社会平等性 2 个方面来侧面反映成都城市经济发展和社会分层情况。故将因子 3 命名为社会凝聚力因子。

在第四个因子中，X_6、X_{10} 2 个指标有较大载荷，这些是从成都居民的悠闲度、契约精神 2 个方面来侧面反映成都城市商务环境。故将因子 4 命名为商业软实力因子。

第六节　回归分析

本节重点以城市包容性、开放性等变量作为自变量，以技术创新、投融资的易获取性等为因变量，构建包含调节变量的回归模型。旨在探索城市包容性、开放性等因素在创业者创业经历、身份的调节作用下对创业活动的作用关系，并进一步分析成都城市和居民特质对创业活动的作用机制。

基本模型为：

$$Y_i = a + bX_i + cM_i + dX_iM_i + e_i$$

其中，Y_i 表示技术创新、投融资的易获取性等因变量；X_i 表示城市包容性、开放性等自变量；M_i 表示创业者创业经历、身份等调节变量；X_iM_i 示自变量与调节变量的乘积交互项；a 为常数项；b、c、d 分别为变量 X_i、M_i、X_iM_i 的系数；e_i 为随机扰动项。

一、调节变量：创业经历

以被调查者的创业经历作为调节变量，利用上述模型分别进行回归。在 10% 的显著性水平下，回归结果显示具有调节效应的模型如下。

因变量为投融资的易获取性、自变量为被调查者对成都开放性的认知的调节效应模型为：

$$\hat{Y}_i = 1.766 + 0.169X_i + 0.218M_i + 0.084X_iM_i$$

P 值：　　　　(0.000)　　(0.017)　　　(0.004)　　　　(0.098)

其中，Y_i 表示投融资的易获取性；X_i 表示被调查者对成都开放性的认知；M_i 表示创业经历。

①首次创业人群（M_i=1）：$\hat{Y}_i = 1.984 + 0.253X_i$。

②二次创业人群（M_i=2）：$\hat{Y}_i = 2.202 + 0.337X_i$。

③多次创业人群（M_i=3）：$\hat{Y}_i = 2.420 + 0.421X_i$。

回归结果表明：在被调查者对成都开放性对投融资的易获取性的影响认知中，创业经历起到了调节作用。相较于首次创业人群、二次创业人群，多次创业人群认为成都的开放性对投融资的易获取性的正向影响程度更高。

因变量为投融资的易获取性、自变量为被调查者对成都人自信心的认知的调节效应模型为：

$$\hat{Y}_i = 1.463 + 0.255X_i + 0.219M_i + 0.088X_iM_i$$

P 值：　　　　(0.000)　　(0.000)　　　(0.003)　　　　(0.054)

其中，Y_i 表示投融资的易获取性；X_i 表示被调查者对成都人自信心的认知；M_i 表示创业经历。

回归结果表明：在被调查者对成都人自信心对投融资的易获取性的影响认知中，创业经历起到了调节作用。相较于首次创业人群、二次创

业人群，多次创业人群认为成都人的自信心对投融资的易获取性的正向影响程度更高。

因变量为技术创新、自变量为被调查者对成都人理想主义的认知的调节效应模型为：

$$\hat{Y}_i = 1.708 + 0.162X_i + 0.081M_i + 0.140X_iM_i$$

P 值：　　　(0.000)　　(0.001)　　　(0.213)　　　　(0.000)

其中，Y_i 表示技术创新；X_i 表示被调查者对成都人理想主义的认知；M_i 表示创业经历。

回归结果表明：在被调查者对成都人的理想主义对技术创新的影响认知中，创业经历起到了调节作用。相较于首次创业人群、二次创业人群，多次创业人群认为成都人的理想主义对技术创新的正向影响程度更高。

因变量为大学资源的易获取性、自变量为被调查者对成都人契约精神的认知的调节效应模型为：

$$\hat{Y}_i = 3.134 - 0.268X_i + 0.078M_i + 0.083X_iM_i$$

P 值：　　　(0.000)　　(0.000)　　　(0.282)　　　　(0.072)

其中，Y_i 表示大学资源的易获取性；X_i 表示被调查者对成都人契约精神的认知；M_i 表示创业经历。

回归结果表明：在被调查者对成都人的契约精神对大学资源的易获取性的影响认知中，创业经历起到了调节作用。相较于首次创业人群、二次创业人群，多次创业人群认为成都人的契约精神对大学资源的易获取性的正向影响程度更高。

因变量为研究院所资源的易获取性、自变量为被调查者对成都人契约精神的认知的调节效应模型为：

$$\hat{Y}_i = 3.226 - 0.277X_i + 0.051M_i + 0.078X_iM_i$$

P 值：　　　(0.000)　　(0.000)　　　(0.447)　　　　(0.066)

其中，Y_i 表示研究院所资源的易获取性；X_i 表示被调查者对成都人契约精神的认知；M_i 表示创业经历。

回归结果表明：在被调查者对成都人的契约精神对研究院所资源的易获取性的影响认知中，创业经历起到了调节作用。相较于首次创业人群、二次创业人群，多次创业人群认为成都人的契约精神对研究院所资源的易获取性的正向影响程度更高。

因变量为成都创业者互动学习社群的活跃性、自变量为被调查者对成都人契约精神的认知的调节效应模型为：

$$\hat{Y}_i = 2.804 - 0.209X_i + 0.113M_i + 0.206X_iM_i$$

P 值：　　　(0.000)　　(0.100)　　　(0.000)　　　(0.000)

其中，Y_i 表示成都创业者互动学习社群的活跃性；X_i 表示被调查者对成都人契约精神的认知；M_i 表示创业经历。

回归结果表明：在被调查者对成都人的契约精神对成都创业者互动学习社群的活跃性的影响认知中，创业经历起到了调节作用。相较于首次创业人群、二次创业人群，多次创业人群认为成都人的契约精神对成都创业者互动学习社群的活跃性的正向影响程度更高。

二、调节变量：身份

以被调查者的身份作为调节变量，利用上述模型分别进行回归。在10% 的显著性水平下，回归结果显示具有调节效应的模型如下。

因变量为技术创新、自变量为被调查者对成都社会平等性的认知的调节效应模型为：

$$\hat{Y}_i = 1.751 + 0.198X_i - 0.003M_i - 0.102X_iM_i$$

P 值：　　　(0.000)　　(0.000)　　(0.932)　　　(0.025)

其中，Y_i 表示技术创新；X_i 表示被调查者对成都社会平等性的认知；M_i

表示身份。

①曾在成都工作两年以上并在该领域创业人群（M_i=1）：$\hat{Y}_i = 1.748 + 0.096X_i$。

②在成都读完大学并在成都创业人群（M_i=2）：$\hat{Y}_i = 1.745 - 0.006X_i$。

③在成都以外城市读完大学并在成都创业人群（M_i=3）：$\hat{Y}_i = 1.742 - 0.108X_i$。

④其他人群（M_i=4）：$\hat{Y}_i = 1.739 - 0.210X_i$。

回归结果表明：在被调查者对成都社会平等性对技术创新的影响认知中，被调查者的身份起到了调节作用。曾在成都工作两年以上并在该领域创业人群认为对成都社会平等性的认知与技术创新间呈正向影响，在成都读完大学并在成都创业人群、在成都以外城市读完大学并在成都创业人群、其他人群认为对成都社会平等性的认知与技术创新间呈负向影响。

因变量为技术创新、自变量为被调查者对成都人契约精神的认知的调节效应模型为：

$$\hat{Y}_i = 3.146 - 0.289X_i + 0.045M_i - 0.141X_iM_i$$

P 值：　　　　(0.000)　　(0.000)　　　(0.261)　　　　(0.005)

其中，Y_i 表示技术创新；X_i 表示被调查者对成都人契约精神的认知；M_i 表示身份。

回归结果表明：在被调查者对成都人契约精神对技术创新的影响认知中，被调查者的身份起到了调节作用。相对于曾在成都工作两年以上并在该领域创业人群、在成都读完大学并在成都创业人群、在成都以外城市读完大学并在成都创业人群，其他人群认为对成都人契约精神的认知与技术创新间的负向影响程度最高。

因变量为大学资源的易获取性、自变量为被调查者对成都人契约精神的认知的调节效应模型为：

$$\hat{Y}_i = 3.160 - 0.273X_i + 0.043M_i - 0.127X_iM_i$$

P 值： (0.000) (0.000) (0.306) (0.015)

其中，Y_i 表示大学资源的易获取性；X_i 表示被调查者对成都人契约精神的认知；M_i 表示身份。

回归结果表明：在被调查者对成都人契约精神对大学资源的易获取性的影响认知中，被调查者的身份起到了调节作用。相对于曾在成都工作两年以上并在该领域创业人群、在成都读完大学并在成都创业人群、在成都以外城市读完大学并在成都创业人群，其他人群认为对成都人契约精神的认知与大学资源的易获取性间的负向影响程度最高。

因变量为投融资的易获取性、自变量为被调查者对成都人契约精神的认知的调节效应模型为：

$$\hat{Y}_i = 3.530 - 0.343X_i + 0.027M_i - 0.157X_iM_i$$

P 值： (0.000) (0.000) (0.514) (0.002)

其中，Y_i 表示投融资的易获取性；X_i 表示被调查者对成都人契约精神的认知；M_i 表示身份。

回归结果表明：在被调查者对成都人契约精神对投融资的易获取性的影响认知中，被调查者的身份起到了调节作用。相对于曾在成都工作两年以上并在该领域创业人群、在成都读完大学并在成都创业人群、在成都以外城市读完大学并在成都创业人群，其他人群认为对成都人契约精神的认知与投融资的易获取性间的负向影响程度最高。

因变量为成都人创业者互动学习社群的活跃性、自变量为被调查者对成都人契约精神的认知的调节效应模型为：

$$\hat{Y}_i = 1.766 + 0.169X_i + 0.218M_i + 0.084X_iM_i$$

P 值：　　　　 (0.000) 　 (0.001) 　　 (0.478) 　　　 (0.037)

其中，Y_i 表示成都创业者互动学习社群的活跃性；X_i 表示被调查者对成都人契约精神的认知；M_i 表示身份。

回归结果表明：在被调查者对成都人契约精神对成都创业者互动学习社群的活跃性的影响认知中，被调查者的身份起到了调节作用。相对于曾在成都工作两年以上并在该领域创业人群、在成都读完大学并在成都创业人群、在成都以外城市读完大学并在成都创业人群，其他人群认为对成都人契约精神的认知与成都创业者互动学习社群的活跃性间的负向影响程度最高。

第七节　结　论

一、被调查者对成都城市特质和居民特质的认知情况

在全部被调查者中，大部分被调查者认为成都的包容性好。近半数的被调查者认为成都的开放性好。超过半数的被调查者认为成都城市吸引力好。近半数的被调查者认为成都的生活成本一般。近四成的被调查者认为成都有着较好的社会平等性。

超过半数的被调查者认为成都人的悠闲度较高。近半数的被调查者认为成都人的自信心较强。近半数的被调查者认为成都人的理想主义一般。近四成的被调查者认为成都人追求生活文艺性较多。近半数的被调查者认为成都人的契约精神一般。

二、成都城市特质对创业活动的影响

成都的包容性对创业活动各项要素的影响均介于"影响一般"和"影响较强"之间，且偏向"影响较强"。其中，成都的包容性对创业活动中的技术创新与创业孵化机构作用有着较强的影响，对投融资的易获取性影响程度相对较弱。

成都的开放性对创业活动各项要素的影响均介于"影响一般"和"影响较强"之间，且偏向"影响较强"。其中，成都的开放性对创业活动中的技术创新与政府政策的易获取性有着较强的影响，对投融资的易获取性和研究院所资源的易获取性的影响程度相对较弱。

成都的城市吸引力对成都创业者互动学习社群的活跃性的影响程度均介于"影响一般"和"影响较强"之间，且偏向"影响较强"。

成都的生活成本对技术创新和成都创业者互动学习社群的活跃性的影响程度都介于"影响一般"和"影响较强"之间，且偏向"影响较强"。

成都的社会平等性对创业活动各项要素的影响均介于"影响一般"和"影响较强"之间，且偏向"影响较强"。其中，对技术创新和大学资源的易获取性有着较强的影响，对研究院所资源的易获取性影响程度相对较弱。

成都人的悠闲度对技术创新和成都创业者互动学习社群的活跃性的影响均介于"影响一般"和"影响较强"之间，且偏向"影响较强"。

成都人的自信心对创业活动各项要素的影响均介于"影响一般"和"影响较强"之间，且偏向"影响较强"。其中，对成都创业者互动学习社群的活跃性有着较强的影响，对投融资的易获取性影响相对较弱。

成都人的理想主义对创业活动各项要素的影响均介于"影响一般"和"影响较强"之间，且偏向"影响较强"。其中，对技术创新有着较强的影响，对投融资的易获取性影响相对较弱。

成都人的文艺性对创业活动各项要素的影响均介于"影响一般"和"影响较强"之间，且偏向"影响较强"。

成都人的契约精神对创业活动各项要素的影响均介于"影响一般"和"影响较强"之间，且偏向"影响较强"。其中，对成都创业者互动学习社群的活跃性有着较强的影响，对投融资的易获取性影响相对较弱。

三、不同性别、最高学历、经历的被调查者对成都城市特质及居民特质的认知情况

相对于男性，女性创业者更倾向于认为成都人的自信心强。相对于男性，女性创业者更倾向于认为成都人的生活追求文艺性。

相对于最高学历为大专以下、大专、博士的被调查者，最高学历为本科、硕士的被调查者更倾向于认为成都的包容性好。相对于最高学历为大专以下、大专、本科、硕士的被调查者，最高学历为博士的被调查者更倾向于认为成都的包容性较差。相对于最高学历为硕士的被调查者，其他学历的被调查者更倾向于认为成都的开放性好。最高学历为硕士的被调查者更倾向于认为成都的城市吸引力好。最高学历为硕士的被调查者更倾向于认为成都的社会平等性好。最高学历为本科的被调查者更倾向于认为成都人的自信心一般。最高学历为大专的被调查者更倾向于认为成都人的契约精神一般。最高学历为硕士的被调查者更倾向于认为成都人的契约精神较低。

相对于首次创业的被调查者，二次创业、多次创业的被调查者更倾向于认为成都人的悠闲度高。相对于在成都读完大学并在成都创业的被调查者、其他被调查者，曾在成都工作两年以上并在该领域创业的被调查者、在成都以外城市读完大学并在成都创业的被调查者更倾向于认为

成都人的悠闲度高。相对于在成都读完大学并在成都创业的被调查者，曾在成都工作两年以上并在该领域创业的被调查者、在成都以外城市读完大学并在成都创业的被调查者、其他的被调查者更倾向于认为成都人的契约精神一般。相对于具有海外一年及以上求学经历的被调查者，不具有海外一年及以上求学经历的被调查者更倾向于认为成都的城市吸引力好。相对于具有海外一年及以上求学经历的被调查者，不具有海外一年及以上求学经历的被调查者更倾向于认为成都的社会平等性好。相对于创业前没有两年及以上工作经历的被调查者，创业前有两年及以上工作经历的被调查者更倾向于认为成都的包容性好。

附录 A

成都市人民政府办公厅关于印发
成都"创业天府"行动计划 2.0 版的通知

成办发〔2016〕15 号

各区（市）县政府，市政府各部门：

《成都"创业天府"行动计划 2.0 版》已经市政府同意，现印发你们，请认真组织实施。

成都市人民政府办公厅

2016 年 4 月 29 日

成都"创业天府"行动计划 2.0 版

2015 年，成都市启动实施"创业天府"行动计划，取得较好成效。为全面贯彻创新、协调、绿色、开放、共享发展新理念，深入落实市委《关于系统推进全面创新改革加快建设具有国际影响力的区域创新创业中心的决定》（成委发〔2015〕12 号），市政府决定实施"创业天府"行动计划 2.0 版。行动计划 2.0 版坚持问题导向、政府推动、市场行动、服务实体经济原则，以深化供给侧结构性改革、推动成都市创新创业深化升级为目的，进一步突出创新创业活动市场化、要素国际化、创新协同化和环境生态化，着力打通政产学研用协同创新通道、厚植创新创业人才优势、升级创新创业孵化功能、夯实创新创业投融资支撑、营造创新创业一流生态、塑造"菁蓉汇"国际创业活动品牌，打造"创业之城、圆梦之都，成都创业、创业都成"城市品牌，加快建成具有国际影响力的区域创新创业中心。

一、打通政产学研用协同创新通道，实现体制机制新突破

（一）出台成果转化支持新政。出台《促进国内外高校院所科技成果在蓉转移转化的若干政策措施》，支持在蓉高校院所开展职务科技成果权属混合所有制改革等"三权"改革实践，积极推动科技成果转化。支持高校院所自主决定采取转让、许可或者作价投资等方式转化科技成果，将不低于 70% 的成果转化收益用于奖励成果完成人和为成果转化做出贡献的人员。鼓励高校院所科技人员在完成本职工作前提下在岗创业，允许高校院所非正职领导因成果转化需要在有关企业兼职取酬。鼓励高校院所科技人员离岗创业，3 年内保留人事关系。（牵头单位：市科技局、市财政局、市人社局、市教育局）

（二）实施成都人才新政。设立 20 亿元人才发展专项资金，按需选拔海内外高层次领军型人才和顶尖创新创业团队，给予最高 1 亿元的综合资助。探索建立"企业提需求 + 高校出编制 + 政府给支持"的联合引才机制。建立中国（成都）海外人才离岸创新创业基地，开设外籍人才停居留特别通道。创建中国成都人力资源服务产业园，优化人才发展平台。（牵头单位：市人才办、市人社局、市教育局、市公安局、市科技局、市经信委、市金融办）

（三）支持创新产品开拓市场。出台成都市首台（套）重大技术装备的鼓励政策，探索建立首台（套）重大技术装备保险补偿机制。鼓励各预算单位预留购买中小微企业创新产品预算，提高采购小微企业新产品、

新技术、新服务的比例。试行创新产品与服务远期约定政府购买措施，降低创新风险，激发创新活力。修订创新产品研发补贴管理办法，促进新产品、新技术的推广应用。（牵头单位：市经信委、市科技局、市财政局）

（四）深化创新创业商事制度改革。落实企业集群注册登记、个体工商户转型升级为企业等办法，探索建立创新企业集群注册模式，降低小微企业创业成本。深入推进"三证合一""一照一码"改革，优化简化政府服务流程，推进全程电子化登记和电子营业执照应用，开展企业简易注销试点，探索离岸架构企业在注册等方面的制度创新。（牵头单位：市工商局、市科协）

二、突出创业力量大众化和高端化，厚植创新创业人才优势

（五）实施青年大学生"创业新星计划"。选拔培育"创业新星"并给予各 20 万元资助。依托各类载体建设大学生创业指导服务中心，推动建立大学生创业联盟，支持在校大学生创业实践。支持在蓉高校建立创新创业学院，开展创新创业教育，探索建立"学业＋创业"双导师培养模式和大学生创新创业实践业绩与学分挂钩机制。建立大学生创业天使投资基金和大学生创业风险援助资金。（牵头单位：团市委，市人才办、市人社局、市科技局）

（六）鼓励高校院所科技人才兼职创业。鼓励高校院所科技人才带技术、带项目、带资金在蓉创办领办科技企业，允许高校科研人员在岗创业、离岗创业，扩大创新创业的源头供给。支持在蓉高校探索建立管理、技术"双通道"晋升制度，创新科研人才聘任制度以及科研人才校企间自由流动机制。（牵头单位：市科技局、市人社局）

（七）鼓励企事业人员连续创业。出台鼓励国有企业和事业单位工作人员离岗创业的支持办法，重点保留其人事关系、职称评聘和社会保险等方面的权利。鼓励新兴产业领军企业、知名天使投资机构设立连续创业者投资基金，重点投资国有企业和事业单位人员连续创业。（牵头单位：市人社局、市科技局）

（八）开展"创业天府行动计划——城市行、高校行、海外行"引才活动。组织用人单位组团赴国内一线城市、著名高校或海外人才聚集地招揽人才，开展海外人才"市内注册、海内外经营"试点。建立重点高层次人才市领导联系制度和定期座谈会制度，强化高层次人才创新创业综合服务。设立"成都市杰出人才"奖。（牵头单位：市人才办）

（九）实施"创新创业互助众扶计划"。实施创业促进就业专项行动计划，鼓励妇女、少数民族人员、返乡农民工、城乡登记失业人员、残疾人士等群体创新创业，分类建立创新创业联盟，加强产业联盟等行业组织和第三方服务机构对创业者的支持，营造众扶文化。加强港澳蓉三地创业者交流合作。[牵头单位：市科技局、市人社局、市外事侨务办、市农委、市民宗局、市妇联、市残联，各区（市）县政府（含成都高新区、成都天府新区管委会，下同）]

三、布局"3+M+N"格局众创空间，实现创新创业孵化功能升级

（十）打造"3"个众创空间引领区。支持成都高新区"菁蓉国际广场"按照"国际创新创业中心"战略定位，引进国际知名孵化机构，重点围绕电子信息、生物医药、高端装备制造业等产业，打造成都市创新创业核心引领区。加快建设成都天府新区"天府菁蓉中心"，引进知名研发机构，形成以智能制造、移动互联网、大数据为主的产业集群，打造西部

创新第一城。优化郫县"菁蓉小镇"规划布局，加快推进大数据产业研究院、无人机研发基地、军民融合孵化中心等创新平台建设，着力建设具有全球影响力的创新创业小镇。（牵头单位：成都高新区、成都天府新区管委会，郫县政府，市科技局）

（十一）打造"M"个众创空间集聚区。支持武侯区联合四川大学建设磨子桥创新创业街区、成都高新区联合电子科大建设"一校一带"、金牛区联合西南交大建设环交大智慧城、锦江区依托民营资本建设汇融创客广场、双流区引进知名大学建设天府新区大学科技创新园等，形成众创空间集聚区。（牵头单位：成都高新区管委会，武侯区、金牛区、锦江区、双流区政府，市科技局）

（十二）打造"N"个众创空间专业特色区。鼓励各区（市）县立足特色优势产业，在电子信息、生物医药、轨道交通、高端装备制造、节能环保、都市现代农业、文化创意和现代服务业等重点产业领域，发展专业众创空间，服务实体经济。及时兑现创新创业载体相关资助管理政策，对新建创业苗圃和科技企业孵化器给予30万～50万元经费补贴。[牵头单位：市科技局、市发改委、市经信委，各区（市）县政府]

（十三）鼓励各类企业建设众创空间。支持龙头骨干企业建设众创空间，优化配置技术、装备、资本、市场等创新资源，推进与产业链、技术链上的中小微企业、高校院所和各类创客群体有机结合，发挥引领带动作用，形成产业创新创业生态群落。充分利用淘汰落后产能、处置"僵尸企业"过程中形成的闲置厂房、空余仓库及生产设施，改造建设一批众创空间，实现资产再利用。支持各类主体利用闲置资源改（扩）建创新创业载体，对其为提升孵化能力实施的场地改造及设施设备购置等，最高可给予500万元经费补贴。[牵头单位：各区（市）县政府，市科技局、市发改委、市经信委]

四、完善多层次科技金融服务体系，拓宽创新创业融资渠道

（十四）培育壮大创业投资。设立规模不低于 100 亿元的创业投资引导基金、产业投资引导基金、人才创业投资基金等各类金融扶持基金，引导金融机构、社会资本参与支持创新创业。创建"西部创业投资中心"，加快建设创业投资特别是股权投资基金聚集区，引进"北上广深"等知名创投机构在成都设立分部，实现聚集发展。扩大成都市科技创业天使投资引导资金规模，联合创投机构、知名天使投资人、高校院所和战略性新兴产业领军企业等共建天使投资基金，为成都市种子期、初创期科技企业和大学生团队创业提供股权投资；引导资金最高可按拟在成都市注册设立的天使投资基金规模的 30% 参股，对获得天使投资的种子期、初创期企业给予最高 100 万元的经费补贴。（牵头单位：市发改委、市科技局、市财政局、市金融办）

（十五）大力发展科技信贷。支持设立科技小额贷款公司，支持金融机构在蓉创办以科技信贷为主的科技银行。推动科技保险服务创新，探索建立财政、银行、保险公司分担创业投资风险的机制。创新推广知识产权质押融资、股权质押融资、产业链融资、融资租赁等新型融资产品。联合人行成都分行营管部，运用中小微企业信用信息等相关数据库，建立完善科技企业信用评价标准，鼓励金融机构依据科技企业信用评级报告给予信用贷款。扩大成都市科技企业债权融资风险补偿资金池总规模至 50 亿元，鼓励有条件的区（市）县政府参与设立"资金池"。支持轻资产的科技企业利用知识产权、股权和信用进行质押贷款，对其发生的信用评级费用、担保费、贷款利息最高分别给予 5 万元、20 万元、50 万元的经费补贴。（牵头单位：市金融办、市科技局、市财政局，人行成都分行营管部）

（十六）完善多层次资本市场。深入实施"成都经济证券化提升行动计划"，大力推动企业上市和上市公司再融资。加强科技型企业上市辅导和培育，积极推动其在沪深交易所、"新三板"、区域股权交易中心上市融资和挂牌交易。积极发展地方要素市场，支持成都（川藏）股权交易市场建设，促进区域股权交易市场加快发展，推动金融资产交易市场创新发展。加快推动设立成都金融资产交易中心、知识产权交易中心、科技创业证券公司等创新型金融要素交易机构。对在上海证券交易所、深圳证券交易所和纽约证券交易所、美国纳斯达克、香港联交所、新加坡交易所等重点境内外资本市场首发上市融资的企业给予最高 500 万元的补助；对新进入全国中小企业股份转让系统的企业给予最高 50 万元补助；对新进入成都（川藏）股权交易中心交易板和融资板的企业给予最高 50 万元补助。（牵头单位：市金融办、市发改委、市经信委、市商务委、市科技局）

（十七）积极探索股权众筹。探索建立成都股权众筹交易所，充分发挥股权众筹对传统股权融资的有益补充作用，增强金融服务小微企业和创新创业者的能力。积极争取股权众筹融资试点，鼓励小微企业和创业者通过股权众筹融资方式募集早期资本。鼓励相关高校依托校友会资源，建立成果转化和创新创业股权众筹基金。（牵头单位：市金融办）

五、提升创新创业服务能力，实现创新创业要素全覆盖

（十八）打造一站式创业服务社区。以"不出社区即可满足创业"为目标，着力打造创新创业社（街）区，为创业者提供办公、生活所需的软硬件一体化配套，包括公租房、餐厅等生活设施，酒店、会议室等商务中心，咖啡馆、酒吧、健身房、资料室等休闲娱乐文化设施。[牵头单位：各区（市）县政府，市科技局]

（十九）实施科技创新券升级计划。修订科技创新券管理办法，发挥财政后补贴激励作用，简化服务兑换流程，扩大补贴范围，以政府购买服务的方式，鼓励各类服务机构为创新创业者提供工业设计、检验检测、知识产权、产品推广等研发、制造、销售类服务。（牵头单位：市科技局）

（二十）搭建创新创业众包平台。鼓励电子信息、新能源汽车、航空航天、农业、生物医药等行业协会、龙头骨干企业向产业链相关创新创业企业及团队实施众包，按照市场机制优化配置劳动力、信息、知识、技术、管理、资本等资源。结合产业技术创新需求，采取政府引导，高校、企业及社会资本共建模式，打造成果转化、技术研发、企业孵化及人才培养于一体的产业集群协同创新平台。[牵头单位：各区（市）县政府，市科技局]

（二十一）升级"科创通"平台。促进"科创通"与"菁蓉汇"系列活动有机融合，打造线上"菁蓉汇"，搭建企业、人才、机构、技术与产品等创新创业要素无缝对接平台，完善一体化、全覆盖的O2O服务模式，推进实现平台市场化运营。整合包括政务数据资源在内的各类信息数据库，打通信息"孤岛"，构建开放共享的数据库，促进"科创通"大数据的加工应用。[牵头单位：各区（市）县政府，市科技局]

（二十二）壮大创业导师队伍。开展"国内外创业导师成都行"活动，建立多层次创业导师队伍，聚集一批熟悉产业领域的创业导师。组织国内外创业青年夏令营活动，鼓励在蓉高校创新创业学院对社会开放创业课程。引进国内外创新创业专业培训机构，提供体现产业特点的创业辅导服务，优化升级"菁蓉训练营"。[牵头单位：市科技局，各区（市）县政府]

（二十三）加强创新创业知识产权保护。启动建设国家级知识产权快

速维权中心，设立成都知识产权法院，加强知识产权行政执法和保护。制定并实施《成都市建设知识产权强市方案》，推进各区域知识产权试点示范工作。筹建成都知识产权（成果转化）交易中心，试点在高校设立分中心，形成"1+N"知识产权服务体系。参与组建全国首支知识产权运营投资基金，争取实现10亿元资金规模。[牵头单位：市科技局，各区（市）县政府]

六、突出创新创业市场化和国际化，提升品牌活动影响力

（二十四）推进"菁蓉汇"活动市场化、国际化。加强与国际友城、知名机构、孵化器的合作交流，推动"菁蓉汇"系列活动国际化，办好"创业天府·菁蓉汇"韩国、以色列专场活动。支持有能力的运营机构市场化、常态化举办"菁蓉汇"主体活动、"蓉漂茶叙"及相关配套活动，力争做到主体活动月月有，系列活动周周有，投资路演天天有。支持产业园区、高校院所、孵化器、行业协会、产业技术联盟等开展创新创业活动，根据活动数量和成效给予后补贴。（牵头单位：市科技局、市外事侨务办）

（二十五）办好"中国·成都全球创新创业交易会"。办好"中国·成都全球创新创业交易会"，力争打造成为国际化、国家级、成都牌、永久性的全球创新创业年度盛会、国家对外开放的创新创业资源聚集平台、国际互利共赢的创新创业要素交易平台和国家全面创新改革的成果展示平台。（牵头单位：市科技局）

（二十六）构建创新创业的国际合作平台。推进中美、中德、中法、中韩、中以、中古国际创新创业合作，加快中德（成都）产业创新平台、中法成都生态园、中韩创新创业园、欧盟创新中心建设，构建国际创新创业合作网络。通过创新创业助推"蓉欧+"互联互通战略的实施，促进

跨界电商、保税物流等行业领域的创新创业，加快打造贯通欧亚"一带一路"大走廊。（牵头单位：成都高新区、成都经开区管委会，青白江区政府，市科技局、市外事侨务办）

　　本行动计划自印发之日起施行，有效期3年。

附录 B

表B-1　成都市创新创业孵化载体名录（2018年）

序号	载体级别	载体名称	运营机构/单位名称
1	国家级孵化器	成都高新区技术创新服务中心	成都高新技术产业开发区技术创新服务中心
2	国家级孵化器	天府新谷孵化器	成都新谷孵化器有限公司
3	国家级孵化器	成都生物与医药产业孵化园（天河园）	成都天河中西医科技保育有限公司
4	国家级孵化器	成都高新技术创业服务中心	成都高新技术创业服务中心
5	国家级孵化器	成都武侯高新技术创业服务中心	成都新创创业孵化器服务有限公司
6	国家级孵化器	成都东创科技企业孵化器	成都东创科技园投资有限公司
7	国家级孵化器	天府软件园	成都天府软件园有限公司
8	国家级孵化器	成都海峡中小企业孵化园	成都海峡教育科技产业开发有限公司
9	国家级孵化器	天府创新中心	成都市天府新区科技创新服务中心
10	国家级孵化器	四川川大科技园	四川川大科技园发展有限公司
11	国家级孵化器	西南交通大学国家大学科技园	成都西南交大科技园管理有限责任公司
12	国家级孵化器	电子科大电子信息产业孵化器	成都电子科大创业孵化服务有限公司
13	国家级孵化器	电子科大西区科技园	成都成电大学科技园孵化器有限公司
14	国家级孵化器	成都经开科技创新服务中心	成都经开科技产业孵化有限公司

序号	载体级别	载体名称	运营机构/单位名称
15	国家级孵化器	西南石油大学国家大学科技园	成都西南石油大学科技园发展有限公司
16	国家级孵化器	西航港科技企业孵化器	成都双流聚源科技企业孵化器管理有限公司
17	国家大学科技园	西南交通大学国家大学科技园	成都西南交大科技园管理有限责任公司
18	国家大学科技园	四川川大科技园	四川川大科技园发展有限公司
19	国家大学科技园	西南石油大学国家大学科技园	成都西南石油大学科技园发展有限公司
20	国家大学科技园	电子科大电子信息产业孵化器	成都电子科大创业孵化服务有限公司
21	国家级专业众创空间	无线通信国家专业化众创空间	电子科技大学
22	国家备案众创空间	创客坊	成都智能盒子科技有限公司
23	国家备案众创空间	创业场	成都天府软件园有限公司
24	国家备案众创空间	高端电子信息产业创业苗圃（E 创空间）	电子科技大学成都研究院
25	国家备案众创空间	游戏工场	成都游戏工场科技有限公司
26	国家备案众创空间	十分咖啡	成都盛裕投资管理有限公司
27	国家备案众创空间	蓉创茶馆	成都蓉创茶馆孵化器有限公司
28	国家备案众创空间	交大创客空间	西南交通大学
29	国家备案众创空间	成都信息工程大学"成创空间"	成都成信科技创新服务有限公司

序号	载体级别	载体名称	运营机构/单位名称
30	国家备案众创空间	8号平台·成都创业沙龙	成都天骄文化传播有限公司
31	国家备案众创空间	明堂青年文化创意中心	成都明堂创意企业管理有限公司
32	国家备案众创空间	艺哈文广孵化器（专业孵化器）（源创动力）	成都兴锦文化旅游投资有限公司
33	国家备案众创空间	NEXT创业空间	成都蛋壳众创科技有限公司
34	国家备案众创空间	侠客岛联合办公室（节能岛）	成都侠客岛企业管理有限公司
35	国家备案众创空间	爱创业科技苗圃	成都高新移动互联网协会
36	国家备案众创空间	电子科技大学蓝色工坊	成都电子科大创业孵化服务有限公司
37	国家备案众创空间	成都创业学院（创客+部落）	成都职业技术学院
38	国家备案众创空间	智汇青年创业孵化园	成都普森教育咨询有限公司
39	国家备案众创空间	锦江·四川高校大学生创业基地	成都市锦江区太阳树青年创意服务中心
40	国家备案众创空间	蓝色蜂巢创业苗圃	成都成电大学科技园孵化器有限公司
41	国家备案众创空间	西南交通大学国家大学科技园（众创空间）	成都西南交大科技园管理有限责任公司
42	国家备案众创空间	四川大学C创空间	四川川大科技园发展有限公司
43	国家备案众创空间	IPC创享家（崇州大数据创新创业孵化苗圃）	成都崇信大数据服务有限公司
44	国家备案众创空间	优聚+	成都优聚软件有限责任公司

序号	载体级别	载体名称	运营机构/单位名称
45	国家备案众创空间	成都以色列孵化器（成以众创空间）	成以（成都）创业孵化器有限公司
46	国家备案众创空间	华友空间	成都华友汇孵化器有限公司
47	国家备案众创空间	成都众创金融谷	成都众创金融谷企业管理有限公司
48	国家备案众创空间	优贝空间	成都优贝空间创孵科技服务有限公司
49	国家备案众创空间	创梦空间	成都创梦空间科技有限公司
50	国家备案众创空间	"石大帮创"空间	成都西南石油大学科技园发展有限公司
51	国家备案众创空间	苏河汇	成都激创投资管理有限公司
52	国家备案众创空间	4C 联创工厂	成都第四城文化传播有限责任公司
53	国家备案众创空间	436 文化创意机构	成都四三六文化传播有限公司
54	国家备案众创空间	成都大学大学生创业苗圃（CC 空间）	成都大学
55	国家备案众创空间	核桃联合办公平台（核桃创客空间）	成都核桃网络有限公司
56	国家备案众创空间	MFG| 创客联邦	成都创客空间商务服务股份有限公司
57	国家备案众创空间	四川师范大学创业苗圃（四川师范大学狮山空间）	四川师大科技园发展有限公司
58	国家备案众创空间	WORK+ 联合办公孵化空间	成都沃客加信息技术有限公司
59	国家备案众创空间	成都黑马全球路演中心	成都创业未来信息技术有限公司

序号	载体级别	载体名称	运营机构/单位名称
60	国家备案众创空间	毕友创星谷	四川创星谷创业孵化器管理有限公司
61	国家备案众创空间	"融创＋"创新创业孵化器	成都八号科技有限公司
62	国家备案众创空间	成都创客街科技有限公司	成都创客街科技有限公司
63	国家备案众创空间	创客家众创空间	成都创客家众创空间有限公司
64	国家备案众创空间	万春智汇·创客空间	成都万春智汇孵化器管理有限公司
65	国家备案众创空间	三创谷大学生创业孵化公共服务平台	四川三创谷信息技术有限公司
66	省级孵化器	红星路三十五号孵化基地	成都文创投资发展有限公司
67	省级孵化器	大科星科技企业孵化器	四川大科星智能交通有限公司
68	省级孵化器	国家西部信息安全产业园	成都国信安信息产业基地有限公司
69	省级孵化器	成都府河电气孵化器	成都府河电气有限责任公司
70	省级孵化器	成都青年创智企业孵化器	成都青羊创智企业孵化器有限公司
71	省级孵化器	成都青羊工业投资有限公司	成都青羊工业投资有限公司
72	省级孵化器	四川省计算机研究院	四川省计算机研究院
73	省级孵化器	天府生命科技园	成都高投置业有限公司
74	省级孵化器	成都顺康新科孵化园	成都顺康新科孵化有限公司
75	省级孵化器	成都信息工程大学科技创新孵化园	成都信息工程大学成都研究院
76	省级孵化器	天府创业园	成都青创西芯科技投资有限公司

序号	载体级别	载体名称	运营机构/单位名称
77	省级孵化器	新津加速器	成都新津海峡科技园有限公司
78	省级孵化器	成都医学城精准医学孵化器	成都连康投资有限公司
79	省级孵化器	电子科大科技园（天府园）	成都科杏投资发展有限公司
80	省级孵化器	侠客岛（磨子桥岛）	成都京侠企业管理有限公司
81	省级备案众创空间	创新谷	成都创新谷商务服务有限公司
82	省级备案众创空间	WorKING 联合办公	成都创享家众创空间企业服务有限公司
83	省级备案众创空间	Wisu Here 体验经济产业园	成都种仁孵化器管理有限公司
84	省级备案众创空间	国家信息中心大数据创新创业（成都）基地	成都优易数据有限公司
85	省级备案众创空间	成都工业学院科技创业苗圃	成都工业学院
86	省级备案众创空间	郫都区光谷创业咖啡	郫都区光谷咖啡创业投资服务有限公司
87	省级备案众创空间	四川移动 TMT 创新创业孵化基地	成都金以创业孵化器经营管理有限公司
88	省级备案众创空间	成都数字新媒体创新孵化基地	成都数字媒体产业化基地有限公司
89	省级备案众创空间	锦江电子商务产业园－果岭云·仓移动互联网创新创业基地	成都果岭产业园运营管理有限公司
90	省级备案众创空间	成都信息工程大学银杏酒店管理学院科技园	成都青创企业管理服务有限公司
91	省级备案众创空间	成都市金牛区青年（大学生）创业园	金牛区创新创业中心
92	省级备案众创空间	成创·菁蓉镇基地	成都成创科技有限公司

序号	载体级别	载体名称	运营机构/单位名称
93	市级加速器	成都高新区高新发展科工园加速器（市级加速器）	成都高新发展股份有限公司高新区科技工业园
94	市级双创载体聚集区	天府国际基金小镇	融汇中创成都投资发展有限公司
95	市级科技企业孵化器	盛华科技企业孵化器	成都盛华世代投资开发有限公司
96	市级科技企业孵化器	青羊工业总部基地电子商务大厦	成都青羊工业建设发展有限公司
97	市级科技企业孵化器	大邑惠业科技企业孵化园	大邑惠业置业有限公司
98	市级科技企业孵化器	融智创新孵化园	成都融智投资管理集团有限公司
99	市级科技企业孵化器	鑫和青年创业孵化园	四川鑫和实业有限公司
100	市级科技企业孵化器	康特科技园	成都康特网络工程技术有限公司
101	市级科技企业孵化器	西华大学科技园	四川西华科技园管理有限责任公司
102	市级科技企业孵化器	成都大学孵化器	成都大学
103	市级科技企业孵化器	成都汽车产业科技孵化器	成都市龙泉驿区龙泉工业投资经营有限责任公司
104	市级科技企业孵化器	浩旺创业孵化园	成都浩旺成阿工业投资有限公司
105	市级科技企业孵化器	成都高新区汇都科技企业孵化器	成都汇都微创企业管理有限公司
106	市级科技企业孵化器	中铁产业园创新孵化器	中铁产业园（成都）投资发展有限公司
107	市级科技企业孵化器	智能焊接技术专业孵化器	成都电焊机研究所

序号	载体级别	载体名称	运营机构/单位名称
108	市级科技企业孵化器	崇州力兴创新创业孵化园	成都力兴投资有限公司
109	市级科技企业孵化器	航天科工军民融合（四川）科创基地	成都航天科创科技有限公司
110	市级科技企业孵化器	腾讯西部创新创业中心	成都天象互动众创科技服务有限公司
111	市级科技企业孵化器	中国电信天虎动力创新创业基地	四川公用信息产业有限责任公司
112	市级科技专业楼宇	盈创动力大厦	成都高投盈创动力投资发展有限公司
113	市级科技专业楼宇	博瑞创意成都大厦	四川博瑞麦迪亚置业有限公司
114	市级科技专业楼宇	西部智谷电子商务产业楼	成都武侯工业园投资开发有限公司
115	市级科技专业楼宇	汇融创客科技专业楼宇	成都汇融华章资产管理有限公司
116	市级创业苗圃	崇州市青年（大学生）创业园	成都汉联孵化器有限公司
117	市级创业苗圃	西航港科技企业孵化中心（大学生）创业园	双流聚源科技企业孵化器管理有限公司
118	市级创业苗圃	邛崃鑫和中微创业园	邛崃鑫和投资有限公司
119	市级创业苗圃	西部智谷青年（大学生）创业园	武侯区团区委
120	市级创业苗圃	武侯区川大科技园青年（大学生）创业园	四川川大科技园发展有限公司
121	市级创业苗圃	成都高新青年（大学生）创业示范园	成都高新技术产业开发区技术创新服务中心
122	市级创业苗圃	龙泉驿区青年（大学生）创业孵化园	共青团成都市龙泉驿区委员会
123	市级创业苗圃	都江堰市青年（大学生）创业孵化园	共青团都江堰市委员会

序号	载体级别	载体名称	运营机构 / 单位名称
124	市级创业苗圃	崇州市农业科技产业苗圃	崇州市文井源农业科技有限公司
125	市级创业苗圃	成都东软学院大学生创业中心	成都东软学院
126	市级创业苗圃	成都新科创新孵化苗圃	成都新科孵化投资有限公司
127	市级创业苗圃	新谷移动互联网创业苗圃	成都新谷孵化器有限公司
128	市级创业苗圃	电磁空间安全与防卫创业苗圃	中国电子科技集团公司第二十九研究所
129	市级创业苗圃	梵木艺术馆	成都市丙火创意设计有限公司
130	市级创业苗圃	财富又一城写字楼电商企业孵化器	成都金仁置业有限公司
131	市级创业苗圃	成都郫都区德源乐活城	成都成电科技创新服务有限公司
132	市级创业苗圃	成都经开区汽车电子创新苗圃	四川创投科技交流服务有限公司
133	市级创业苗圃	成都创业中心智能设备创业苗圃	成都高新技术创业服务中心
134	市级创业苗圃	电科成研西源育成中心创业苗圃	成都电科成研企业管理有限公司
135	市级创业苗圃	成都跨境电子商务创业苗圃	成都青电汇智跨境电子商务产业园有限公司
136	市级创业苗圃	大邑县电子商务孵化园	成都成双电子商务有限公司
137	市级创业苗圃	TMT 创业苗圃	成都维纳软件股份有限公司
138	市级创业苗圃	彭州鑫和（大学生）创业园	彭州鑫和投资有限公司
139	市级创业苗圃	派客＋创新孵化苗圃	四川派客时代商务服务有限责任公司
140	市级创业苗圃	万众创业场	成都万众亿达企业管理有限公司
141	市级创业苗圃	以手维生民艺传习馆	成都以手维生科技有限公司

续表

序号	载体级别	载体名称	运营机构/单位名称
142	市级创业苗圃	幸福公社农业创客营	成都幸福创意农业开发有限公司
143	市级创业苗圃	华盛佰企企业孵化大市场	成都市华盛佰企孵化器管理有限公司
144	市级创业苗圃	域上众创空间	成都中锦文化传媒有限公司
145	市级创业苗圃	成都农业科技职业学院成都农业创客学院	成都农业科技职业学院
146	市级创业苗圃	盛华科技创业苗圃	成都盛华世代投资开发有限公司
147	市级创业苗圃	逐梦（残疾人）众创空间	成都启航助残公益服务中心
148	市级创业苗圃	融创汇·科技创新创业苗圃	成都融创汇企业管理咨询有限公司
149	市级创业苗圃	执象实验室	四川执象网络有限公司
150	市级创业苗圃	创客邦	成都新谷欧帕克信息技术有限公司
151	市级创业苗圃	成都天府新区米谷创业咖啡	成都市天府新区米谷创咖创业投资服务有限责任公司
152	市级创业苗圃	青年创业孵化基地	四川汇源吉迅数码科技有限公司
153	市级创业苗圃	武侯艺创空间	成都中艺千川文化传媒有限公司
154	市级创业苗圃	Vgirl 美女双创工场	成都薇格尔众创空间有限公司
155	市级创业苗圃	成都生物医学创客中心	成都连康投资有限公司
156	市级创业苗圃	FireFly（成都）众创空间	成都萤火虫众创科技有限公司
157	市级创业苗圃	九阵智创工场	成都市九阵科技有限公司
158	市级创业苗圃	第五维国际孵化器	成都清数华创科技服务有限公司

序号	载体级别	载体名称	运营机构/单位名称
159	市级创业苗圃	成创·武侯创业园	成都创成文化传媒有限公司
160	市级创业苗圃	肖＋众创空间	成都果岭云仓科创孵化器管理有限公司
161	市级创业苗圃	许燎源创新创意苗圃	成都许燎源现代设计艺术博物馆
162	市级创业苗圃	华韩孵化器	成都华韩孵化器管理有限公司
163	市级创业苗圃	侠客岛联合办公室（菁蓉岛）	成都阳侠企业管理有限公司
164	市级创业苗圃	蓉欧创业大院	成都市青白江区国有资产投资经营有限公司
165	市级创业苗圃	成都洪泰智能	成都洪泰孵化器运营管理有限公司
166	市级创业苗圃	崇州电商大楼	成都汉联孵化器有限公司
167	市级创业苗圃	电子科大科园创工坊	电子科大科园培训机构
168	市级创业苗圃	东梦工厂—成华区小微文化科技创意创业孵化器	成都东梦工厂文化科技有限公司
169	市级创业苗圃	京东云创空间（郫都区）	成都京云企业孵化器管理有限公司
170	市级创业苗圃	我们飞科技创业园	彭州市我们飞科技创业园（普通合伙）
171	市级创业苗圃	智慧医疗创业苗圃	成都百创汇生物科技有限公司
172	市级创业苗圃	蒲江县创新创业孵化园众创空间	蒲江县城乡建设项目管理投资有限公司
173	市级创业苗圃	菁蓉酒谷	成都合创新业众创科技有限公司
174	市级创业苗圃	成都菁创创业孵化器管理有限公司	成都菁创创业孵化器管理有限公司
175	市级创业苗圃	NodeSpace 加速器	成都点域创客空间有限公司

序号	载体级别	载体名称	运营机构/单位名称
176	市级创业苗圃	四川大学武侯区协同创新创业孵化器	四川川大科技园发展有限公司
177	市级创业苗圃	成都工贸职业技术学院创业苗圃	成都市技师学院
178	市级创业苗圃	天府新区西南交通大学研究院	天府新区西南交通大学研究院
179	市级创业苗圃	银江孵化器成都园区	四川银江创梦工场企业管理有限公司
180	市级创业苗圃	织锦创客空间	成都织锦孵化器管理有限公司
181	市级创业苗圃	SBC 中国国际创新空间	成都速创加速创业孵化器管理有限公司
182	市级创业苗圃	洪泰创新空间独角兽孵化器	成都洪泰独角兽众创空间管理有限公司
183	市级创业苗圃	榴莲汇高校人才创新创业活动中心	郫县榴莲汇企业管理有限公司
184	市级创业苗圃	智汇大实验室	成都试客孵化器管理有限公司
185	市级创业苗圃	西南石油大学飞翔创新创业基地	成都飞翔双创企业管理有限公司
186	市级创业苗圃	317 艺术众创空间	成都叁壹柒众创空间有限公司
187	市级创业苗圃	星河明信国际创客空间	四川省星河明信创客空间有限公司
188	市级创业苗圃	四川工商学院大学生创新创业俱乐部	四川工商学院
189	市级创业苗圃	成都信息工程大学大学生创新创业俱乐部	成都信息工程大学
190	市级创业苗圃	成都医学院大学科技园	四川成医科技园管理有限公司
191	市级创业苗圃	十分联创——菁蓉镇创业苗圃	成都众合智汇科技有限公司

序号	载体级别	载体名称	运营机构/单位名称
192	市级创业苗圃	大邑县青年（学生）创业园	成都马兰科工企业管理有限公司
193	市级创业苗圃	WE 创空间	成都成万众创空间有限公司
194	市级创业苗圃	同济大学·成都龙泉国际青年创业谷	成都同创谷企业孵化器有限公司
195	市级创业苗圃	"芯空间"集成电路创新创业苗圃	成都创芯汇科科技有限公司
196	市级创业苗圃	成都银泰优客工场	成都优客工场企业管理咨询有限公司
197	市级创业苗圃	医联空间	成都医云创业孵化器管理有限公司
198	市级创业苗圃	金融梦工场	成都金融梦工场投资管理有限公司
199	市级创业苗圃	娱乐工场成都孵化器	成都星耀天下文化传播有限公司
200	市级创业苗圃	信创空间	成都信创时代科技有限公司

表B-2 成都市活跃投资机构名录（2018年）

序号	机构名称	成都投资案例	投资领域	投资轮次
1	高投创投	数字灯塔、冷云能源、云祺科技、鸿鹄数据库、谛听科技、勤智数码、必控科技、创宜生物、新基因格、支付通、筋斗云、国科海博、广达新网、泉源堂等	电子信息、生物医药、新经济等领域	天使及 VC 阶段
2	技转创投	极米科技、数之联、龙渊网络、中电昆辰、数聚城堡、英博格、优艾维、爱睿康、奥叮机器人、比特信安、维纳软件、思晗科技等	军民融合、电子信息、新材料、航空航天等领域	种子、天使及 VC 阶段
3	洪泰（成都）基金	升学派、睿畜科技、停天下、聘宝、油管家、数来宝金服、西谷物联等	B2B、人工智能及新技术新经济驱动下的产业升级领域	天使及 VC 阶段
4	富坤创投	狮之吼、TestBird、邑动科技等	移动互联网、教育、文化创意、物联网、信息安全、人工智能、消费升级、医疗健康等领域	天使及 VC 阶段
5	合一创投	找我网、航旅车邦、创点科技、E 泊车、海欧、快看科技、学姐帮等	TMT、消费升级等领域	天使及 VC 阶段
6	合力投资	驹马物流、丽维家、四川汽车票务网、柔电云科、龙之力科技等	科技类、娱乐经济、大消费等领域	天使阶段
7	德商资本	果小美、23 魔方、赛果机器人、深兰科技、快启、译马网等	移动互联网、产业升级、智能硬件、人工智能、消费娱乐、大健康、现代服务业、文化娱乐、旅游、体育等领域	天使及 VC 阶段

序号	机构名称	成都投资案例	投资领域	投资轮次
8	鼎祥资本	狮之吼、成发泰达、驹马物流、中科兴业、觅瑞科技、爱睿康医疗、邑动科技、起业科技、储翰科技等	TMT、新材料、航空军工、生物医药、文化旅游、节能环保等领域	天使到PE、pre-IPO整个投资阶段
9	原力创投	DBC留学生求职、奇影动画、月蚀动漫等	教育、工具、文化娱乐、消费升级等领域	种子、天使及VC阶段
10	允治资本	麦麦养老、虚实梦境、瀚辰光翼等	生物医药、先进制造、新材料、教育等领域	天使及VC阶段
11	联想系资本	优客逸家、恒图科技、谛听科技、铁皮人科技、多啦衣梦、任游网、聚乐科技等	互联网应用等领域	天使及VC阶段
12	达晨创投	数联铭品、迅游网络、芯通科技、速宝网络等	消费升级、互联网平台、智能硬件等领域	VC阶段
13	苏河汇	易票网、Xcake、学姐帮、宅急修等	TMT、消费升级等领域	种子、天使及VC阶段
14	腾讯	医联、网速大师、微见、艾尔平方等	网络游戏、社交网络、无线互联网、电子商务及新媒体等领域	VC阶段
15	经纬中国	极米科技、23魔方、西瓜创客、优客逸家、百词斩等	TMT、医疗健康、消费升级等领域	VC阶段
16	君联资本	三松医疗、优客逸家、多啦衣梦、胡桃盒子、娃娃营等	TMT、医疗健康、消费升级等领域	VC阶段
17	红杉资本	医联、胡桃盒子、西瓜创客、Tower等	TMT、医疗健康、消费升级等领域	VC阶段
18	IDG	果小美、术康、小打卡等	TMT、医疗健康、消费升级等领域	VC阶段
19	真格基金	米小酒、微见、小打卡等	TMT、消费升级等领域	天使阶段
20	国中创投	数之联、贝尔科教等	新能源新材料、高端装备制造、生物医药大健康、互联网新媒体、信息技术等领域	天使及VC阶段

序号	机构名称	成都投资案例	投资领域	投资轮次
21	启赋资本	洋姑妈、京都龙泰等	TMT、新材料等领域	VC 阶段
22	复星集团	速递易、瀚辰光翼等	医疗健康等领域	VC 阶段
23	丰厚资本	23 魔方、小鹰移动等	文娱体育、消费升级、企业服务、AI 和大数据等领域	VC 阶段
24	分布式资本	食物优、链安科技等	专注区块链技术领域	种子、天使及 VC 阶段
25	禾今投资	起业科技、炫境科技等	TMT、新经济行业	VC 阶段

注：1. 根据科创通、IT 桔子等公开信息收录整理。

　　2. 本名录活跃投资机构指 2017 年以后在成都投资两个以上项目的机构。

表B-3　成都市66个产业功能区名录（2018年）

所在区域	序号	所在区（市）县	产业功能区名称	主导产业
东进	1	高新区东区	成都天府国际空港新城	临空型枢纽经济、都市型服务经济、创新型新经济
	2	龙泉驿区	龙泉山"梦里桃乡"水蜜桃产业园	水蜜桃
	3	简阳市	简阳空天产业园	航空航天、卫星综合应用、运载火箭等
	4		简阳·西部电子商务集聚发展区	电子商务、航空物流、智慧商贸
	5		简州新城智联新能源汽车产业园	新能源、智能网联汽车
	6	金堂县	金堂工业集中发展区	节能环保装备制造、节能环保产品生产、资源循环利用、节能环保服务业
	7		天府水城文旅康养集聚区	旅游康养、体育赛事、教育培训
	8		成都通用航空服务业集聚区	通用航空服务业
南拓	9	天府新区	天府中心国际会展功能区	会展经济
	10		鹿溪智谷科技创新和高技术产业服务功能区	大规模集成电路、激光光电、互联网信息安全、大数据与云计算、新医药
	11		天府中心总部经济功能区	总部经济
	12	新津县	天府农业博览园	农业会展博览
	13		天府新区南区产业园	交通装备、食品饮料
	14		新津梨花溪文化旅游区	山水运动、文化创意、生态休闲
	15	邛崃市	天府新区邛崃产业园区	新能源、智能制造

所在区域	序号	所在区（市）县	产业功能区名称	主导产业
西控	16	郫都区	郫都中国川菜产业园	食品饮料
	17	崇州市	康养旅游服务业集聚区	养生养老、医养保健研发、观光、休闲、度假、体育旅游、研修旅游、中药材种植、绿色有机农业、文化创意、精品民宿
	18		成都崇州现代农业功能区	优质粮油
	19		成都智能制造产业园	电子信息（大数据）智能家居
	20	邛崃市	邛崃绿色食品产业园	食品饮料、生物医药、优质白酒
	21		成都邛崃现代农业种业产业园	高端种业
	22	都江堰	都江堰市滨江新区文化娱乐集聚区	文化娱乐
	23		大青城休闲旅游产业园区	康体养生产业、旅游度假产业
	24		四川都江堰及经济开发区	食品饮料、旅游相关产品制造、装备制造、现代中药、生物医药等产业
	25	大邑县	成都安仁文创文博集聚区	文博、文创、文旅
	26		四川大邑电子产业信息园	电子信息
	27		四川大邑智能制造产业园	智能制造
	28	蒲江县	成都（中德）职教创新集聚区	中德职业教育、研究院（所）、研发中心、成果转化平台等
	29		成都蒲江特色水果现代农业产业园	猕猴桃、柑橘
	30		中德（蒲江）中小企业合作区	装备制造、健康食品

续表

所在区域	序号	所在区（市）县	产业功能区名称	主导产业
西控	31	彭州市	成都航空动力产业园	航空航天、增材制造、生物医药
	32		成都绿色化工产业园	"炼油—乙烯"炼化一体化；下游综合利用、节能减排和循环经济配套项目；精细化工、天然气、橡塑改性及化工新材料等环境友好型绿色化工产业
	33		彭州龙门山山地旅游集聚区	文化旅游、音乐文创、运动休闲
北改	34	青白江区	成都国际铁路港临港服务业集聚区	现代物流、国际贸易
	35		成都先进材料产业园	先进材料、智能装备
中优	36	锦江区	成都中央商业商务集聚区	现代商贸业、金融业、商务服务业
	37		东大街金融服务集聚区	金融业、商务服务业
	38		红星路文化创意集聚区	现代传媒、创意设计
	39	青羊区	成都中心金融商务服务集聚区	金融业、高端商务业
	40		青羊总部经济集聚区	科技服务、电子商务、创新设计
	41		成都市青羊区少城国际文创硅谷	文博艺术、影视传媒、文化体验、音乐演艺
	42	金牛区	北部新城商贸商务集聚区	现代商贸、商务服务
	43		环交大智慧商务集聚区	科技服务、商务服务、现代商贸
	44		人北商业商务集聚区	现代商贸、现代金融、商务服务

所在区域	序号	所在区（市）县	产业功能区名称	主导产业
中优	45	武侯区	成都市人民南路文创金融集聚区	文创、金融、健康
	46		红牌楼现代商务商贸集聚区	现代商务商贸
	47		成都武侯新城电子商务集聚区	电子商务、科技研发服务、总部经济
	48	成华区	成都东客站枢纽经济集聚区	酒店会展、商务商贸、医疗康养
	49		东郊文化创意集聚区	文化创意、都市旅游、信息服务
	50		成都龙潭新经济产业集聚区	数字经济、智能经济、共享经济
	51	高新区南区	成都金融总部商务区	银行、证券、保险、基金、投资管理等金融业
	52		成都高新区南部园区	数字经济、智能经济、共享经济、流量经济、创意经济、绿色经济
	53		成都天府国际生物城	生物医药、生物医学工程、生物服务、健康新经济
	54	龙泉驿区	成都经济技术开发区	汽车
	55		成都汽车贸易博览集聚区	汽车贸易博览
	56	双流区	成都双流航空服务业集聚区	航空枢纽服务、保税贸易、供应链综合服务、航空制造维修、总部经济
	57		成都市双流区军民融合产业园	电子信息产业
	58		西南航空港经济开发区	电子信息、新能源、航空
	59	高新区西区	成都高新区西部园区	电子信息产业

所在区域	序号	所在区（市）县	产业功能区名称	主导产业
中优	60	温江区	成都健康服务业集聚区	健康管理、医疗美容、特色专科医疗及健康金融、健康保险等
	61		成都医学城	医学、医疗、医药
	62		成都都市现代农业高新技术产业园	都市农业、医养健康、生态旅游
	63	郫都区	成都创新创业集聚区	电子信息、研发设计和信息服务
	64		郫都区智慧科技园	电子信息
	65	新都区	新都高新技术产业园区	高端装备制造、航空航天、轨道交通、生物医药
	66		新都国际公路物流港集聚区	现代商贸流通业、现代物流产业

后　记

本书的出版要感谢很多人和很多机构。首先感谢科技部火炬中心张志宏主任对本书撰写的悉心指导并作序，本书的大量数据和案例均基于火炬统计数据和火炬中心的双创工作体系。感谢科学技术文献出版社丁坤善副总编对本书出版的支持，感谢颜振军博士、朱福全博士、吕勇先生、陈思慧先生、胡胜全先生、刘杨博士、刘凯先生等人的辛勤付出。感谢成都市科技局、成都市孵化器协会、成都高新区、成都高新区创新创业服务中心、天府新谷等机构和单位为本书撰写提供的便利条件……

这篇后记反复修改了多遍，总是觉得不满意，经与编写组商量后确定了思路。

我们认为，这是一本勇敢的书。从事双创服务工作的我们，也做了一件创新甚至是创业的事情，据我们所知，之前还没有专门从双创的角度来观察一个城市的书籍出版。创新意味着高风险，不知道本书进入社会后会不会引起争议，抑或是毫无反应。

我们还认为，这是一本具有情怀的书。从想法的提出到调研创业者，到撰写的过程，再到最后核稿出版，大家依靠对双创事业的热爱来共同推进完成，只有对本书中内容的争论，而没有一位编写者纠结于付出和回报。

我们甚至认为，这是一本具备了一定科学性和哲学性的书。本书并未就双创而论双创，而是从历史、地理、文化、经济、社会、企业、产业、政府、科技、创业者等众多角度论述了双创与成都的互动，使用统计分析、现场访谈、资料调研、逻辑分析、哲学思辨、系统理论等多种

方法论述了双创与成都的因果。

同时我们也认为，由于编写者的水平和能力有限，本书没有做到全面反映出成都双创的情况，不足之处仍有很多，甚至有疏漏和不当之处，恳请读者和业内人士批评指正，以供再版修订。

最后，如果您读到了这里，如果您觉得我们的研究和观察具有意义，我们愿意到您的城市去体会、去观察、去展示创新创业带来的改变。

编委会

2018 年 8 月